JONAS VERLAG

Umschlagabbildung: Gemeine Nachtschwalbe (Ziegenmelker), Farblithografie aus einem Mappenwerk, um 1910; Vogel/Kolumnentitel aus: Conrad Gesner: Vollkommenes Vogel-Buch: darstellend eine Abbildung aller zahmer und wilder Voegel und Feder-Vieh sammt einer umbstaendlichen Beschreibung. Unveränderter Nachdruck der Ausgabe Frankfurt am Main 1669. Hannover 1995.

Die Deutsche Bibliothek – CIP-Einheitsaufnahme

Ein Titeldatensatz für diese Publikation ist bei der Deutschen Bibliothek erhältlich

für Kunst und Literatur GmbH
Weidenhäuser Straße 88
D-35037 Marburg
www.jonas-verlag.de

Gestaltung: Simone Tavenrath
Druck: Werbedruck Schreckhase, Spangenberg

ISBN 3-89445-346-x

Karl-Heinz Wellmann (Hg.)

Können Vögel husten?

111 *neue* Antworten auf Fragen,
die Ihnen schon immer auf den Nägeln brannten

Das 2. Buch zur „Entdeckungsreise“ in hr1

mit Beiträgen von

Utz Thimm
Frank Grotelüschen
Bernd Seidel
Frank Eckhardt
Riccardo Mastrocola
Gudrun Rothaug
Eva Maria Siefert
Lars Hofmann
Stephan Hütig
Carsten Beck-Büngen
Eva Deppe
Karl-Heinz Wellmann

Wer hat den Apfelwein entdeckt?

Das Wichtigste zuerst: In der traditionellen Ebbelwei-Kultur hat das Wort „Äppler“ nichts verloren. Es ist ein pures Modewort und wurde vor ein paar Jahren aus Marketinggründen von einer Frankfurter Großkelterei unters Volk gebracht. Wenn die jungen Leute wüssten, was das eigentlich bedeutet: Ein Äppler war nämlich zuvor ein „Busengrabscher“...

Doch zurück zur Frage: Schon vorzeitliche türkische Volksstämme hatten Äpfel ausgepresst, um berauschende Getränke herzustellen. Natürlich haben auch die alten Griechen Obstweine gekeltert, und die alten Römer haben es sich bei den Griechen abgeschaut. „Aphul“, „öppel“ oder „epli“ hieß der Apfel bei den Germanen, und auch sie haben ihren Schoppen gepetzt.

Anfangs war der Apfelwein – das „Stöffche“, wie es auch heißt – ein bloßer Haustrunk für Selbstversorger, der Stoff für jedermann. Am Hof und in den Kneipen hingegen wurden Bier und Wein ausgeschenkt. Auch das Gebiet um Frankfurt am Main, das heutige Zentrum der hessischen Ebbelwei-Kultur, hatte im Mittelalter viele Weinberge. Doch schon seit dem 16. Jahrhundert waren die nicht mehr so lohnenswert: Die klimatischen Bedingungen stimmten nicht mehr, die Ernten wurden schlechter. Der Dreißigjährige Krieg verwüstete die Anbaugebiete, Ende des 18. Jahrhundert zerstörten Hagel und harte Winter fast die gesamte Rebkultur, und im 19. Jahrhundert wurde auch noch aus Nordamerika eine Reblaus eingeschleppt, die zu dramatischen Ernteausfällen führte. Der Ertragsweinbau wurde vielerorts nie wieder aufgenommen, die Weinbauern stellten sich um und produzierten nun in den gleichen Fässern, in denen zuvor der Rebensaft lagerte, Wein aus Äpfeln.

Außerdem mussten die Weingärtner beim Apfelanbau weniger Steuern zahlen, und das launische Wetter konnte den Äpfeln nicht so weh tun wie den Trauben. Man kann also sagen: Erst in den letzten 200 Jahren ist der Ebbelwei zu einem echten hessischen Traditionsgetränk gereift. Und für die Rheinhessen sei angemerkt: Auch Ebbelwoi zu trinken ist nichts Unrechtes. (ric)

Seit wann gibt es Schultüten?

Die Schultüte heißt eigentlich Zuckertüte, berichtet der Hamburger Lehrer Hans-Günter Löwe, und der muss es wissen: Denn er hat sich lange mit dem Thema Schultüten, pardon: Zuckertüten beschäftigt. Er besitzt überdies eine Sammlung von mehr als 100 Schultüten aus unterschiedlichen Zeiten, und er weiß auch, wo sie herkommen: „Die Belege für die Einführung der Schultüten kommen eindeutig aus Sachsen und aus Thüringen. Es gibt zwei Leute, die aufgeschrieben haben, dass die Kinder zur Einschulung eine Schultüte bekommen haben. Einmal in Jena und einmal in Dresden, 1817 und 1820. Leider haben diese Leute nicht dazugeschrieben, warum sie ihren Kindern diese Tüten gegeben haben, und sie waren sich wahrscheinlich gar nicht im Klaren darüber, dass sie damit einen neuen Brauch aus der Taufe gehoben haben."

Zu diesem Brauch gehörte seit jeher auch etwas Geheimniskrämerei. Die Kinder bekamen damals ihre Zuckertüte nämlich nicht schon zu Hause in die Hand, sondern erst in der Schule. Zudem wurden die Kinder ein bisschen an der Nase herumgeführt, so ähnlich wie bei der Geschichte vom Osterhasen. Hans-Günter Löwe erklärt, wie: „Die Zuckertüte wächst bekanntlich am Zuckertütenbaum. Dieser Baum hat verschiedene Standorte. Man erzählt den Kleinen, er könne im Keller des Lehrerhauses stehen oder auf dem Dachboden – jedenfalls da, wo die Kleinen nicht hinkommen. Das ist schon mal wichtig. Und der Zufall will es, dass die Zuckertüten gerade dann in halbwegs ausreichender Zahl reif werden, wenn die Einschulung stattfindet."

Zunächst waren es nur Kinder reicherer Eltern, die in den Genuss einer Zuckertüte kamen. Den Brauch gab es anfangs auch nur in größeren Städten. Doch mit Einführung der Schulpflicht verbreiteten sich die Schultüten nach und nach auch auf dem Land, im Osten früher als im Westen. In kleineren Orten Westdeutschlands dauerte es noch bis in die 1950er-Jahre, bis die Tüten auch dort üblich waren. Zwar hat die Schultüte einen modischen Wandel hinter sich, Sinn und Zweck sind aber noch dieselben wie damals: lachende Kinderaugen. Und das an einem Tag, an dem so manches Kind mit durchaus gemischten Gefühlen seinen neuen Lebensabschnitt beginnt. (cbb)

Warum packt man beim Verschwinden genau 7 Sachen?

„Pack deine Siebensachen!“ – Wenn einem der Lebensabschnittspartner oder der Chef diese Worte entgegenschleudert, dann bedeutet das: Raff deinen gesamten Krempel zusammen und verschwinde! Dr. Winfried Breidbach von der Gesellschaft für deutsche Sprache erklärt, was es mit dieser Formulierung auf sich hat: „Diese Redewendung ist seit dem 17. Jahrhundert belegt. In dieser Redewendung hat die Zahl 7 eine bestimmte Funktion, indem sie zusammenfassend die gesamte Habe einer Person bezeichnet. Und gleichzeitig wird mit den Siebensachen offensichtlich zum Ausdruck gebracht, dass es sich insgesamt um eine geringe Menge von Dingen handelt.“

Dass gerade von 7 Sachen die Rede ist, hat mit der besonderen Symbolik zu tun, die der Sieben seit jeher zukam. Und zwar in doppelter Hinsicht: als Unglückszahl, die gefürchtet und gemieden wurde; gleichzeitig aber auch als heilige Zahl, die etwas Zusammengehöriges bezeichnete. So sprach man im Mittelalter von den 7 Sinnen und den 7 Künsten. Auch in der Bibel und im Volksmärchen taucht die Sieben häufig auf, weiß Winfried Breidbach: „Das Märchen mit den 7 Raben, die 7 Schwaben. Dann gibt's die Siebenmeilenstiefel, der Wolf und die 7 Geißlein und viele andere mehr. Die Sieben ist also häufig verwendet worden als eine Zahl, um eine bestimmte Menge umfassend darzustellen. Auch in der Bibel spielt sie eine Rolle: Gott hat den 7. Tag als heilig erklärt, und im Alten Testament gibt es die 7 Plagen in Ägypten.“

Die besondere Bedeutung der Sieben geht aber noch weiter zurück. Sie war nicht nur bei den Israeliten, sondern im gesamten Orient verbreitet. Auch die 3600 Jahre alte, bronzezeitliche „Himmelsscheibe von Nebra“, die erste uns bekannte Himmelsdarstellung der Menschheitsgeschichte, zeigt eine Siebenergruppe von Punkten, vermutlich die Plejaden. Und diese Sternengruppe steht in einer Konstellation zum Halbmond, die laut Landesmuseum für Vorgeschichte in Sachsen-Anhalt „zwangsläufig sieben Tage später zu einer Mondfinsternis führt. Sollte dies von den vorgeschichtlichen Menschen beabsichtigt gewesen sein, so würde dies bedeuten, dass man über viele Generationen Mondfinsternisse betrachtet hat und Himmelsgesetze kannte, die wesentlich komplexer waren, als alles, was wir bislang vermuteten.“ (fe)

Wie kam der Turm ins Schachspiel?

Das Schachspiel ist ungefähr 1.500 Jahre alt und kommt ursprünglich aus Indien. Die Grundstellung der Schachfiguren entsprach der des damaligen indischen Heeres: Der König in der Mitte, daneben der Oberbefehlshaber (unsere Dame). Rechts und links Elefanten, Pferde und Wagen, davor das Fußvolk. Indische Händler und Soldaten brachten das Spiel nach Persien. „Das Kennzeichen eines Turmes ist, dass er unbeweglich ist, aber dieser Turm: Der rast acht Felder rauf und acht Felder zur Seite – und tatsächlich: Ursprünglich war im Schachspiel kein Turm, sondern ein Kampfwagen, ein Reiter auf zwei Pferden, im Arabischen wird er Rukh genannt," erklärt der Kinder- und Jugendbuchautor Paul Maar, der in seinem Sachbuch „Türme" (Oetinger Verlag) auch die Geschichte der Schach-Türme beschrieben hat.

Anfangs waren die Schachfiguren noch kunstvoll geschnitzte Abbildungen von halbwegs realen Personen. Paul Maar: „Dann gab es aber im Islam das Bilderverbot, man durfte keine menschlichen Figuren mehr nachbilden. Jetzt waren sie im Konflikt: Entweder spielten sie weiter Schach mit Figuren, die man eigentlich gar nicht haben durfte; oder sie mussten ihr geliebtes Schachspiel aufgeben. Da kamen sie auf den genialen Trick, dass sie die Figuren so gebildet haben, wie wir sie heute kennen: Es waren nicht mehr Menschen, sondern Symbole. Den Rukh, den Kampfwagen, hat man dargestellt, indem man eine Form genommen hat, die oben drei Einkerbungen hatte. Und das sah zufällig aus wie die Zinnen eines mittelalterlichen Turms."

Die Figuren behielten zwar ihre Namen, wurden nun aber in abstrakter Form gestaltet. Als die Araber im 8. Jahrhundert Spanien eroberten, brachten sie das Schachspiel nach Europa, und nun kam es zu einem Missverständnis: „Als die christlichen Ritter kamen und in Spanien den Arabern beim Schachspiel zugesehen hatten und fragten: 'Was ist das denn?', da hat man ihnen gesagt: 'Das ist der Rukh'. Aber damit konnten sie nichts anfangen, sie haben es so gedeutet: das ist ein Turm. Und dadurch wurde es ein Turm."

Der Name des Schachspiels aber ist aus dem Persischen abgeleitet. Dort ist es das „Schah-Spiel", also das Königsspiel. (gr)

Wie weit ist der Horizont vom Strand entfernt?

Über den Daumen gepeilt lässt sich die Frage ganz einfach beantworten: Es hängt ab von der Höhe, von der aus der Blick in die Ferne schweift. Je höher ich bin, desto weiter liegt der Horizont entfernt. Stehe ich zum Beispiel am Strand, ist der Horizont deutlich näher, als wenn ich hoch oben auf der Brücke eines Schiffs bin.

Doch die Frage nach dem Abstand des Horizonts lässt sich auch genauer beantworten. Nur muss man dazu einen mathematischen Lehrsatz bemühen – und zwar einen, den jeder von uns einst im Schulunterricht zu pauken hatte. Es ist der Satz des Pythagoras: $a^2 + b^2 = c^2$, so lautet er, und er bezieht sich auf ein rechtwinkliges Dreieck. Dabei sind a und b die beiden kurzen Seiten, c ist die lange Seite des Dreiecks. In Worten bedeutet $a^2 + b^2 = c^2$, dass, wenn man die Quadrate der beiden kurzen Seiten addiert, man auf das Quadrat der langen Seite stößt.

Was aber hat der Satz des Pythagoras mit dem Horizont zu tun – mit jener Linie also, an der Himmelsgewölbe und Erdoberfläche scheinbar zusammenstoßen? Nun, der Horizont liegt genau dort, wo die Sichtlinie mit dem Erdradius einen rechten Winkel bildet. Und wo ein rechter Winkel auftaucht, da ist Pythagoras nicht weit. Mit seiner Hilfe kann man nämlich einfach das folgende Dreieck konstruieren: Die eine Seite geht vom Horizont senkrecht hinunter zum Erdmittelpunkt, die zweite Seite geht vom Beobachter zum Erdmittelpunkt, und die dritte Seite ist genau der gesuchte Abstand zwischen Beobachter und Horizont.

Schreibt man dann den Satz des Pythagoras brav auf und vereinfacht ihn ein wenig, kommt dabei eine relativ simple Näherungsformel heraus: Man nehme die Höhe, in der man sich befindet, und zwar nicht in Metern, sondern in Kilometern. Von dieser Zahl ziehe man mit dem Taschenrechner dann die Wurzel, und das Ergebnis nehme man mit dem Faktor 113 mal.

Diese Formel besagt, aus welcher Sichthöhe man wie weit bis zum Horizont sehen kann. Ein 1,80 Meter großer Mensch hat einen Abstand von knapp 5 Kilometern vom Horizont. Bei 15 Metern Augenhöhe, etwa von der Brücke eines Schiffes, sind es rund 14 Kilometer. Und steht man auf einem 50 Meter hohen Turm, dann liegt der Horizont sogar 25 Kilometer weit entfernt. (fg)

Wird Wildfleisch auf Trichinen getestet?

In Deutschland muss auch das Fleisch von Hirschen, Rehen und Wildschweinen untersucht werden, wenn es für den Verzehr durch den Menschen bestimmt ist; das schreibt das Fleischhygienegesetz vor. Bei Hausschlachtungen in ländlichen Gebieten übernimmt allerdings nicht der Fleischkontrolleur die Untersuchung, sondern ein amtlicher Tierarzt, der vom staatlichen Veterinäramt für ein bestimmtes Gebiet eingeteilt ist. Veterinär-Oberrat Dr. Bruno Scherm vom staatlichen Amt für Lebensmittelüberwachung in Gießen erläutert, dass Wild nicht gleich Wild ist: „Beim Wild muss grundsätzlich unterschieden werden zwischen dem Gehegewild und jenem Wild, das in der freien Wildbahn nach jagdrechtlichen Methoden – also durch Abschuss – getötet wird."

Denn Wild, das in Gehegen aufgezogen wird, muss bereits während der Zucht regelmäßig untersucht werden, wenn es später verzehrt werden soll. Im Wald lebende Tiere lassen sich aber nun einmal nicht regelmäßig untersuchen; der amtliche Tierarzt prüft daher erst dann, wenn das Tier erlegt worden ist, und muss dabei auf Vieles achten. Dr. Bruno Scherm: „Es wird nach dem Ausweiden im Prinzip der gesamte Tierkörper untersucht, die gesamte Muskulatur, alle Organe, die Lymphknoten; und es wird überprüft, ob Veränderungen vorliegen, die das Fleisch gegebenenfalls für den menschlichen Verzehr bedenklich machen. Zum Beispiel auf Tumore, auf Abszesse in der Muskulatur oder auf sonstige blutige Veränderungen. Darmverletzungen, Verunreinigungen durch Magen-Darm-Inhalt – all das wären Veränderungen, die überprüft werden müssen."

Besteht der Verdacht auf Infektionen durch Bakterien, schickt der Tierarzt entsprechende Gewebeproben in ein Labor. Bei Tuberkulose durfte das Fleisch früher nur gekocht gegessen werden – heute wird es in der Regel gar nicht mehr verspeist. Besonders wichtig ist die Untersuchung auf Trichinen: Das sind wurmähnliche Parasiten, die bei Schweinen, Wildschweinen und bei Paarhufern auftreten können. Wenn das von ihnen befallene Fleisch roh oder halbroh verzehrt wird, können sie in den menschlichen Körper gelangen und schwerwiegende Schäden verursachen – Todesfälle sind nicht ausgeschlossen. Deswegen wird in Deutschland immer auf Trichinen untersucht, egal, ob das Fleisch nur privat genutzt wird oder ob es für den Handel bestimmt ist. (cbb)

Wie kam die Fastnacht auf die 11?

Am 11.11. um 11.11 Uhr beginnt die fünfte Jahreszeit: Schon auf einem Nürnberger Druck von 1530 ist die Elf als Narren-Zahl belegt. Warum gerade diese Zahl in der närrischen Zeit eine so große Bedeutung hat, darüber streiten allerdings die Volkskundler. Heinz Schilling, Professor für Kulturanthropologie an der Universität Frankfurt, meint: „Es wird gesagt, dass die Elf eine Zahl ist, die sich nicht fügt, die außerhalb der Ordnung steht. Die göttliche Ordnung wird z. B. repräsentiert durch die Zehn, durch die 10 Gebote. Die astronomische Ordnung wird durch die Zwölf repräsentiert, durch die zwölf Tierkreiszeichen beispielsweise. Die Elf aber hält sich an keine Ordnung. Das ist eine Deutung, die es seit dem Mittelalter gibt."

Dieser Aberglaube zeigt sich auch in Friedrich Schillers Theaterstück „Die Piccolomini". Dort rät der Sterndeuter und Mathematicus Seni davon ab, 11 Stühle an den Tisch zu stellen. Die Elf sei eine böse Zahl, sagt Seni, denn nach christlichem Verständnis stehe die Elf für Sünde und Übertretung der 10 Gebote – und damit auch für die Normüberschreitung in der Fastnacht.

Eine andere Erklärung geht auf französischen Einfluss zurück. Die Elf setzt sich aus zwei Einsen zusammen, sie stelle die eine Eins neben die andere Eins und stehe so als Symbol für die Gleichheit aller Narren. Freiheit, Gleichheit, Brüderlichkeit: Das war die Losung der Französischen Revolution; die Elf, so lautet eine Herleitung, bestehe aus den Anfangsbuchstaben von Egalité, Liberté, Fraternité. Dadurch sei diese Zahl in der Karnevalshochburg Köln zur magischen Zahl geworden. Später erst hat man auch das Organisationskomitee der närrischen Aktivitäten auf die Zahl 11 begrenzt – erst 1830 wurde das Gremium als „Elferrat" festgelegt. Noch in den 1820er-Jahren waren es mal 12, mal 13, mal 15 Leute.

Den Beginn der närrischen Zeit auf den 11.11. um 11.11 Uhr festzusetzen, kam erst in der zweiten Hälfte des 19. Jahrhunderts auf und kann gedeutet werden als typisch deutsche Eigenart, meint Prof. Heinz Schilling, weil die Deutschen selbst „in der Unordnung noch mal alles in Ordnung bringen wollen" und so den Beginn einer frei im Kalender beweglichen Zeit – die Fastnachtszeit ist ja vom Mondkalender abhängig – durch die Hintertür doch noch fixiert haben, um die närrische Kampagne „ordentlich" starten zu können. (gr)

Wie pflanzen sich kernlose Weintrauben fort?

Kernlose Weintrauben und Apfelsinen sind beliebt, weil man zwischendurch keine lästigen Kerne ausspucken muss. Aber Kerne sind bekanntlich die Samen der nächsten Pflanzengeneration, und die Entdeckung einer „vererbbaren Kinderlosigkeit" ist zwar ein beliebter Witz für Insider unter Genetikern, gleichwohl aber biologischer Unsinn. Wie also vermehrt man kernlose Sorten? Professor Helmut Jacob, Leiter des Fachgebiets Obstbau an der Forschungsanstalt Geisenheim weiß es kurz und prägnant zu sagen: „Für die Vermehrung von Edelsorten, also einer Apfelsorte oder einer Tafeltraubensorte oder einer Orangensorte, braucht man keine Samen."

Der Grund: Im Gartenbau ist es üblich, Pflanzen ungeschlechtlich zu vermehren. Dabei wird ein so genanntes Reis, also ein Zweig der Obstpflanze, auf eine andere Trägerpflanze aufgepfropft: „Das Reis besteht etwa aus zwei, drei Knospen mit insgesamt etwa 10, 15 Zentimetern Länge. Und die werden dank einer besonderen gärtnerischen Kunst – des Pfropfens – miteinander vereinigt, sie verwachsen miteinander, und daraus entsteht dann der neue Baum."

Kernlose Obstsorten zu vermehren ist also relativ einfach. Schwierig dagegen ist es, neue kernlose Sorten zu züchten. Helmut Jacob: „Es sind praktisch nur Zufallsmutationen, die sich da mal ergeben in Kernlosigkeit. Mit züchterischen Methoden kann man Kernlosigkeit kaum erreichen. Deshalb ist es bei vielen Obstarten auch bisher nicht gelungen, kernlose Früchte zu produzieren."

Wie langwierig solch ein Züchtungsprozess sein kann, zeigt das Beispiel der bekannten Traubensorte „Thompson seedless". Sie war die erste kernlose grüne Tafeltraube und wurde 1950 auf den Markt gebracht. Die Selektionsarbeiten wurden bereits aber um die Jahrhundertwende begonnen, zwischen 1900 und 1905. Die Züchtung hat also 50 Jahre gedauert. Inzwischen gibt es Millionen von genetisch weitestgehend identischen Pflanzen, die seit 1950 durch Pfropfen vermehrt wurden: Genetisch gesehen sind sie alle ein Klon jener Pflanze, die vor 50 Jahren erstmals gezüchtet wurde. (fe)

Wie kam Onkel Otto zu seinem Namen?

So viel ist klar: Onkel Otto arbeitet seit mehr als 45 Jahren als Maskottchen für den Hessischen Rundfunk (hr), weiß Christian Bender von der hr-Presseabteilung: „1958 wurde Onkel Otto als Fernseh-Hund (also nicht: Fern-Seehund) des Hessischen Werbefernsehens eingeführt. Er wurde von Hans Fischerkoesen entwickelt und fand von da an seinen Platz im Vorabendprogramm.“ Das hieß übrigens damals noch intern „Werbe-Rahmenprogramm“. Die Sendung, für die Onkel Otto zu Beginn seines Daseins arbeitete, lief abends von halb acht bis acht – und sie hieß auch „Zwischen Halb und acht“; einige Zeichentrick-Sequenzen des „frühen Otto“ laufen übrigens noch heute. So viel geht aus den Akten des Hessischen Rundfunks hervor.

Liest man den Vertrag von 1958 zwischen hr und Hans Fischerkoesen aber genauer, dann stellt man fest: Da ist nur die Rede von dem Fernseh-Hund – aber kein Name wird erwähnt, selbst in den Zusatzvereinbarungen nicht. Nur soviel steht fest: Schriftlich taucht der Name Onkel Otto in den Archiven des Hessischen Rundfunks erstmals am 16. April 1958 auf, in einer Zeitungswerbung. Noch einen Monat zuvor – am 17. März 1958 – ist nur die Rede vom „Fernsehhund“. Irgendwann zwischen Mitte März und Mitte April 1958 muss der Fernsehhund also seinen Namen bekommen haben – helfen kann jetzt nur noch Rolf Richter: Als hr-Werbechef war er damals dabei, 1957/58, als die Werbefigur in Auftrag gegeben wurde und auf Sendung ging. Die ersten Monate tatsächlich noch ohne Namen, erinnert sich Rolf Richter: „Dann haben wir das Publikum aufgefordert, wie sie dieses Markenzeichen nennen würden. Zu unserer großen Überraschung haben die meisten Leute von sich aus auf ‘Onkel Otto’ getippt – das haben wir sofort aufgegriffen.“

Seinen Namen hat Onkel Otto also von den Fernsehzuschauern bekommen. (hof)

Warum gibt es in Irland keine Schlangen?

Auch bei den Schlangen hat es sich offenbar herumgesprochen: In Irland ist es oft recht kühl und regnerisch, und weil man das ja auch in England haben kann, blieben die wenigen Schlangen, die es jemals vom europäischen Kontinent über den Ärmelkanal geschafft hatten, in England. Anders ausgedrückt: Irland ist bekanntlich eine Insel, und eine solche geographische Isolation bringt es mit sich, dass das Tierreich dort nicht so vielfältig ist. Gleichwohl wird die Legende noch heute gern erzählt, dass St. Patrick – jener Bischof, der den Iren das Christentum brachte – alle Schlangen von der irischen Insel verjagt habe. Senan Moloney ist Journalist bei der Tageszeitung Irish Independent in Dublin: „Es gibt wirklich keine Schlangen in Irland. Es gab sie auch nicht vor St. Patrick, weil Irland nie besonders einladend für Schlangen war; sie haben nie das Irische Meer überquert. Die Legende bleibt Legende."

St. Patrick werden etliche Heldentaten zugeschrieben, die mit den Schlangen ist eine der bekanntesten. Auf religiösen Bildern wird St. Patrick oft gezeigt, wie er die Schlangen mit seinem Bischofsstab verjagt oder gar erschlägt – also das Böse aus Irland vertreibt. Doch Senan Moloney hat trotzdem ein paar Schlangen ausgemacht: „Als politischer Korrespondent treffe ich sie oft in den Fluren. Sie erscheinen dann aber in menschlicher Gestalt."

Doch auch ein paar echte Schlangen kann man in Irland antreffen, und zwar im Zoo von Dublin. Eddi O'Brian arbeitet dort als Reptilienwärter: „Wir haben 10 davon. Die größte ist der Python, 6 Fuß lang. Sie kann aber bis zu 18 Fuß lang werden." Und dann gibt es natürlich auch noch einige Privatleute, die sich exotische Tiere mit nach Hause bringen. Aber wenn denen eine abhaut, dann lebt sie höchstens bis zum nächsten Winter. Denn für Schlangen ist es in Irland einfach zu kalt. (ric)

Bis wann reichen die Erdölreserven?

Im Prinzip ist die Antwort ganz einfach, man muss nur zwei Fragen klären: 1. Wie groß sind die Erdölvorräte? 2. Wie hoch wird künftig der Verbrauch sein? Langfristige Energieprognosen hat es daher in den vergangenen Jahren mehr als genug gegeben – aber sie waren durchweg falsch. Die Schwierigkeiten sind ähnlich denen beim Wetterbericht: Für morgen und übermorgen klappt die Vorhersage ganz gut, wie aber der Energieverbrauch in 10 oder 20 Jahren sein wird, kann man heute nicht seriös vorhersagen. Die Entwicklung wird beispielsweise davon abhängen, wie viele Autos in China zugelassen werden.

Nicht viel besser sieht es aus mit den Schätzungen für die Erdölvorräte; die veröffentlichten Daten sind alles andere als seriös. Die Organisation der Erdöl exportierenden Länder (OPEC) rechnet ihre Erdölvorräte gern klein; je weniger Vorrat, desto leichter lässt sich ein hoher Preis begründen. Umgekehrt rechnen die USA die Erdölvorräte der Nicht-OPEC-Staaten gern hoch, um Druck auf die OPEC auszuüben, im Sinne von: Euer Öl ist gar nicht so wichtig. Und zum dritten können die Ölkonzerne den Aktienwert ihrer Firmen steigern, wenn sie ihren Lagerstätten viel Rohöl zubilligen – je mehr Rohöl, desto längere Förderdauer, desto bessere Amortisierung der Investitionen. Auch deren Prognosen kann man daher nur mit spitzen Fingern anfassen.

Einziger Ausweg: Man muss sich einerseits die jährliche Ölförderung anschauen, andererseits die Funde von zuvor noch nicht bekannten Öllagerstätten. Deutlich wird dann: Seit etwa 15 Jahren werden keine größeren Neufunde mehr registriert. Es wird seitdem mehr Erdöl gefördert als zusätzlich neu entdeckt, die weltweit bekannten Vorräte werden seit ungefähr 1990 definitiv kleiner. Hinzu kommt, dass die größten Erdölfelder zugleich die ältesten sind (denn die größten waren am leichtesten zu finden) und dass bei ihnen allmählich die Fördermenge zurückgeht. Es gibt deswegen Experten, die glauben, dass wir heute genau an jenem magischen Punkt der Verbrauchskurve angelangt sind, der später einmal als Maximum der pro Jahr möglichen Erdölförderung gelten wird. Und es gäbe nur drei Länder, in denen überhaupt noch eine zumindest kurzfristige Steigerung der nationalen Ölproduktion möglich sei: nämlich Saudi Arabien, Kuwait – und Irak. (khw)

Verziehen sich Eisenbahnschienen bei Hitze?

Eisenbahnschienen sind in Europa kilometerweit miteinander verschweißt, und man sollte daher annehmen, dass sie sich bei starker Hitze ordentlich ausdehnen und womöglich gefährlich verziehen. Dem physikalischen Phänomen der Wärmeausdehnung begegnet man auch beim klassischen Thermometer: Das Quecksilber dehnt sich bei Wärme aus, dadurch steigt es im Röhrchen gut sichtbar nach oben. Verglichen mit Quecksilber dehnt sich Stahl zwar nur geringfügig aus, aber dennoch messbar – und unter Umständen mit schwerwiegenden Folgen. Martin Walden ist Sprecher der Abteilung Fahrweg bei der Deutschen Bahn: „Im extremen Einzelfall kann es zu einer seitlichen Verwerfung der Schiene kommen. Wir nennen das im frühen Stadium Gleisverdrückung und im Extremfall Gleisverwerfung. Gleisverdrückung bedeutet noch nicht, dass wir nicht mehr fahren können; wir fahren dann aber nur mit deutlich verringerter Geschwindigkeit und beobachten die Stelle. Eine Gleisverwerfung allerdings macht es notwendig, den Fahrbetrieb sofort einzustellen."

Um solche Gleisverformungen zu verhindern, gab es früher zwischen den einzelnen Schienenelementen so genannte Schienenstöße: Das waren Lücken zwischen den Stahlschienen, in die sie sich einige Millimeter ausdehnen konnten. Heute werden die Schienenelemente miteinander verschweißt. Ihre Ausdehnung wird unterbunden durch die Gegenkraft der Konstruktion aus Schiene, Schwelle und Schotterbett. Martin Walden: „Das heißt, die Schiene an sich ist sehr schwer, die Schwellen sind auch sehr schwer. Wenn wir die miteinander verbinden, ist das schon mal eine sehr stabile Angelegenheit. Darüber hinaus liegt alles in einem Schotterbett, und Schotter hat die Eigenschaft, die Materialien sehr stark zu fixieren, weil Schottersteine sich ineinander verhaken und sich somit etwas, das in Schotter eingebettet liegt, nur minimal bewegt."

Die Kräfte bleiben gleichwohl vorhanden, Schienen stehen deshalb bei Hitze unter einer hohen Spannung. Gefährlich würde es jedoch erst, wenn die Schienen sich auf mehr als 65 Grad erhitzen; doch eine derart hohe Temperatur wurde nicht einmal im „Jahrhundertsommer" 2003 erreicht. (cbb)

Wo in der Kuh wächst der Tafelspitz?

Abhängig vom Kochbuch, das man aufschlägt, wird ein anderer Teil der Kuh als Tafelspitz bezeichnet: mal ein Stück aus der Schulter, mal ein Stück aus der Hüfte und mal – übrigens auch im Duden 2004 – das äußerste Ende vom Rinderschwanzstück. Hubert Brodbek ist Obermeister der Fleischerinnung Frankfurt am Main, und auch er wundert sich über die Verwirrung beim Tafelspitz: „Tafelspitz ist ein Fleischteil aus der Keule und wird mehrheitlich zum Kochen genommen. Das Teil sitzt in der Keule." Und das sei keine Privatdefinition; alle Fleischer in Deutschland würden das genauso sehen. Warum ein Stück vom Po der Kuh mit dem Schwanzstück verwechselt wird, kann Hubert Brodbek sich noch erklären, denn Tafelspitz ist ein Stück Fleisch, das unmittelbar auf das Schwanzstück folgt: „Das könnte eine Erklärung sein; man trennt den Tafelspitz vom Schwanzstück ab."

Dieses gekochte Rindfleisch wird in Frankfurt am Main traditionell mit Grüner Soße serviert. Hubert Brodbek: „Ich persönlich, das muss ich ganz ehrlich sagen, ich persönlich bevorzuge es eigentlich gar nicht, weil es mir zu trocken ist. Weil es ein ganz mageres Stück ist, lässt man immer eine ganz kleine Fettschicht dran, die dann mitgekocht wird. Aber mir persönlich ist es eigentlich zu trocken." Viel besser zum Kochen sei ein Stück Fleisch geeignet, durch das sich noch ein Streifen Gelee ziehe: „Ich persönlich würde Schaufelbug nehmen; das ist ein Teil aus der Schulter, und es ist sogar billiger." So lässt sich wohl auch erklären, wie Fleisch aus der Schulter zu dem Ruf kommt, Tafelspitz zu sein. Aber der echte Tafelspitz, da lässt Hubert Brodbek keinen Zweifel, ist Fleisch aus der Keule und nichts anderes.

Bleibt zum Schluss noch die Frage zu klären, warum der Tafelspitz eigentlich Tafelspitz heißt. Die Antwort ist einfach: Geht man am Hinterbein ein Stück tiefer, folgt auf den Tafelspitz das Tafelstück. Das Tafelstück heißt so, weil es ein quadratisches Stück Fleisch ist, eine Tafel eben. Der Tafelspitz läuft dagegen spitz aus. (utz)

Wie viele Staatsangehörigkeiten hat der Papst?

Im Vatikanstaat leben rund 1500 Staatsbürger, die meisten haben zwei Staatsangehörigkeiten: So sind die Einzelhändler, die innerhalb des halben Quadratkilometers ihr Geschäft eröffnet haben, meist Italiener, aber sie können auch den vatikanischen Pass beantragen. Mit diesem dürfen sie dann auf kirchlichem Territorium zum Beispiel steuerfrei tanken. Aber auch das kirchliche Personal besitzt zwei Staatsangehörigkeiten – und zum „Personal" gehört auch der Papst. Theoretisch könnte er noch immer in Polen zur Wahl schreiten, praktisch aber tut er es nicht, sagt Prof. Reinhold Sebott SJ von der Philosophisch-Theologischen Hochschule St. Georgen in Frankfurt am Main: „In dem Augenblick, wo der Papst gewählt wurde, ist er höchster Repräsentant eines eigenen Staates geworden und wird sich deshalb in die Belange des Staates, aus dem er kommt, nicht einmischen wollen."

Den Kirchenstaat gab es schon seit dem frühen Mittelalter, erläutert Dr. Reinhold Sebott SJ: „Seit dem 8. Jahrhundert, aber 1870 hatte der italienische Staat dem Papst den Kirchenstaat weggenommen. 1929 wurde ein neuer Vatikan-Staat errichtet, als Völkerrechtssubjekt, und seit dieser Zeit kann der Staat auch Staatsbürgerschaften ausstellen."

Die päpstliche doppelte Staatsangehörigkeit hatte bis vor kurzem auch eine eher erheiternde Konsequenz, denn immer, wenn ein ausländischer Staatsgast das italienische Territorium betritt, wird er staatsmännisch empfangen und verabschiedet. So widerfuhr es auch dem Staatschef des Vatikanstaates – bis diese Prozedur am Flughafen von Fiumicino oder Ciampino dem italienischen Staat zu teuer und somit lästig wurde. Dr. Reinhold Sebott SJ: „Weil der Papst so oft ins Ausland gefahren ist, über 100 mal, weil man ihn zu oft hätte empfangen müssen am italienischen Flugplatz." (ric)

Legen braune Hühner immer braune Eier?

Oftmals gilt tatsächlich, dass Federfarbe und Eierschalenfarbe übereinstimmen; doch es gibt auch braune Hühner, die weiße Eier legen, und es gibt weiße Hühner, die braune Eier legen. Prof. Erhard Kaleta ist Direktor der Klinik für Vögel, Reptilien, Amphibien und Fische an der Universität Gießen und kennt die biologischen Hintergründe: „Die Farbe ist ein genetisch festgelegtes Merkmal und folgt einem bestimmten Erbgang: Wenn Hühner zweier verschiedener Rassen verpaart werden, dann richtet sich die Farbe immer nach dem weiblichen Tier und nicht nach dem männlichen. Die Hühner, die weiße Eier legen, sind reinrassig. Das heißt, Hahn und Henne haben weiße Federn und weiße Ohrscheiben, und das gelegte Ei ist immer weißschalig. Wenn man jetzt ein Huhn mit weißer Federfarbe mit einem Hahn verpaart, der braune Federn hat, dann wird das Huhn weiterhin weißschalige Eier legen. Aber aus den Eiern schlüpfen Küken, die männlich braun sind und weiblich weiß." Die Farbe der Eierschale entspricht also allenfalls bei reinrassigen Tieren der Gefiederfarbe der legenden Henne.

Trotz ihres je Rasse sehr unterschiedlichen Federkleids haben alle Hühner weiße oder rote Ohrläppchen. Daher vermuteten Experten auch hier eine Verbindung zur Farbe der Eierschale: weiße Ohrläppchen gleich weiße Eier; rote Ohrläppchen oder Ohrscheiben gleich braune Eier. Prof. Erhard Kaleta: „Bei einigen Rassen trifft das zu. Überwiegend haben Hühner, die eine weiße Ohrscheibe haben, auch Eier mit einer weißen Farbe – mit einigen wenigen Ausnahmen. Hühner, die eine rote Ohrscheibe haben, können praktisch von weiß über beige, hellbraun bis dunkelbraun alle Farben legen. Die Beziehung zwischen Ohrscheibenfarbe und Schalenfarbe ist bei den weißen Ohrscheiben relativ fest, aber eher unsicher bei den Hühnern, die eine rote Ohrscheibe haben." Grundsätzlich kann man also einer Henne nicht ansehen, welche Schalenfarbe ihre Eier haben.

Der Farbstoff für die Schalen entsteht übrigens aus dem roten Blutfarbstoff. Der wird auch bei Hühnern ständig erneuert, und die abgebauten Farbstoff-Teilchen werden zum Teil ausgeschieden (beim Menschen erkennbar an der gelben Färbung des Urins), zum Teil aber in die Schale der Eier eingelagert. Bei Hühnern, die weiße Eier legen, wird der gesamte rote Blutfarbstoff ausgeschieden. (ed)

Wo ist die Grenze zwischen Europa und Asien?

Im Ural-Gebirge natürlich: Zurückzuführen ist diese heute allgemein anerkannte Grenzfestlegung auf den schwedischen Offizier Philip Johann von Strahlenberg, der in den 1830er-Jahren vom russischen Zarenhaus beauftragt worden war, das Land zu vermessen. „Natürlich“ ist diese Grenze aber keineswegs: Strahlenberg versetzte nämlich die zuvor akzeptierte Grenze vom Fluss Don deutlich nach Osten, erläutert Dr. Irene Marzolff vom Geographischen Institut der Universität Frankfurt am Main: „Seitdem gilt als Grenze (von Norden her kommend) die Wasserscheide des Uralgebirges, dann der Uralfluss bis zum Kaspischen Meer, von dort verläuft sie nach Westen durch die Manytsch-Niederung – also noch nördlich vom Kaukasus – bis zum Schwarzen Meer und durch das Schwarze Meer, den Bosporus und die Dardanellen bis ins Mittelmeer.“

Während der Ural als Grenze Europas heute weithin anerkannt ist, streiten sich die Fachleute allerdings, wo im Südosten die Grenze zu ziehen sei. Strahlenberg wählte die Manytsch-Niederung, doch zahlreiche moderne Geographen weigern sich, seiner Festlegung zu folgen. Als Grenze zwischen den beiden Kontinenten ziehen sie vielmehr den weiter südlich verlaufenden Gebirgskamm des Kaukasus heran: „Wenn man als Geograph eine Grenze ziehen sollte, wäre es wirklich naheliegender, sich an Wasserscheiden von Gebirgszügen zu halten und an Flüsse, weil das eindeutig definierbare und positionierbare geographische Merkmale sind; und dann wäre der Kamm des Kaukasus die naheliegendere Grenzziehung.“

Wie auch immer: Jede Grenzziehung wird willkürlich bleiben, erklärt Dr. Irene Marzolff: „Aus erdgeschichtlicher und plattentektonischer Sicht sind das keine zwei Kontinente. Anders als die anderen Kontinente, sind Europa und Asien nicht vollständig von Meer umgeben oder durch Plattengrenzen in der Erdkruste von einander getrennt, sondern sie haben eine gemeinsame Landmasse und liegen gemeinsam auf der eurasischen Platte. Damit hätte ich als Geografin die Frage schon beantwortet: Es gibt nur ein Eurasien, es gibt keine Unterscheidung zwischen Europa und Asien.“ Und damit ist die Frage ganz oben auf dieser Seite offenbar falsch gestellt, obwohl es doch immer heißt: Es gibt keine falschen Fragen, sondern nur falsche Antworten. (bse)

Wie funktioniert die Datumsanzeige bei Uhren?

Das Zeigerwerk einer Uhr vollführt in 24 Stunden zweimal eine vollständige Drehung, und zwar nach rechts, wie jeder sehen kann; was jedoch im Innern einer Uhr vor sich geht, entzieht sich in aller Regel unseren Blicken. Dort aber steuert feinste Mechanik die Datumsanzeige, erklärt Peter Peschke, Uhrmachermeister und Leiter der Hessischen Uhrmacherschule: „Von dem Rad aus, auf dem der Stundenzeiger sitzt, wird seine Bewegung abgenommen, wird über ein zweites Rad noch einmal untersetzt in eine halb so schnelle Bewegung, so dass dieses Rad pro Tag nur eine einzige Umdrehung macht. Auf diesem zweiten Rad sitzt ein kleiner Stift oder ein Schaltfinger, der in die so genannte Datumsscheibe oder in den Datumsring eingreift und diesen dann einmal pro Tag um einen Ring weiterschaltet."

Der Ring wird meistens so eingebaut, dass die Datumsanzeige genau um Mitternacht umspringt; kleine Federn halten ihn dann in dieser Position. Manche Uhren zeigen neben dem Datum aber auch noch den Wochentag an: Das funktioniert nach demselben Prinzip. Damit der Kraftaufwand für das Uhrwerk aber nicht zu hoch wird, springt die Tagesscheibe allerdings etwas später um, meistens erst um zwei Uhr nachts – dann schlafen wir in der Regel und bemerken diesen Trick daher nicht.

Einen Nachteil hat diese Technik: Solche Uhren zeigen für jeden Monat 31 Tage an – wenn der Monat kürzer ist, muss per Hand umgestellt werden. Es gibt aber auch Uhren mit einem so genannten ewigen Kalender: Das sind kleine Meisterwerke, die eine gesonderte Jahresscheibe enthalten. Auf der ist die unterschiedliche Länge der einzelnen Monate berücksichtigt, und so „weiß" die Uhr dann sogar, ob der Februar 28 oder 29 Tage hat. So viel Exklusivität hat allerdings auch ihren Preis: Uhren mit ewigem Kalender kosten mindestens 20.000 Euro. (hüt)

Wer erfand das Boykottieren?

Der Namenspate des Begriffs wurde am 12. März 1832 geboren, aber der Brite Charles Cunningham Boycott dürfte nicht besonders glücklich darüber sein, dass sein Name noch immer in aller Munde ist, wenn es um organisierte Verweigerung geht. Evelyn Knörr vom Duden Verlag beschreibt, wie das Wort „boykottieren“ entstand: „Es gab einen Gutsverwalter mit dem Namen Charles Boycott, der von der Irischen Landliga geächtet wurde – die irischen Bauern erfanden daraufhin ‘to boycott’ als Verb in der Bedeutung von ‘ächten’.“ Das war im Jahr 1880; Boycott war ein ehemaliger Captain der britischen Armee, der dem Militär zugunsten eines Lebens als Landherr den Rücken gekehrt hatte.

Hintergrund der Proteste von 1880: Die irischen Bauern wollten die Landbesitzer oder deren Verwalter dazu zwingen, die Abgaben für das Farmland zu senken. Der erste, der diesen Protest zu spüren bekam, war der Verwalter Charles Boycott in der Nähe von Lough Mask (Grafschaft Mayo). Weil er sich weigerte, die Abgaben der Bauern zu senken, ergriffen diese drastische Maßnahmen: Die Familie Boycott wurde in der Gemeinde isoliert; sie fand weder Hauspersonal noch Landarbeiter, um die Ernte einzubringen. In den Geschäften wurde ihnen nichts mehr verkauft, selbst ihre Post wurde nicht mehr zugestellt. Mit einem Wort: Charles Cunningham Boycott wurde boykottiert. Wahrscheinlich wurde das Wort von den Bauern der Irischen Landliga schon 1880 verwendet, und über Großbritannien fand es seinen Weg auch nach Deutschland, weiß Evelyn Knörr: „Wobei boykottieren zunächst boykotten hieß; erst Ende des 19. Jahrhunderts entstand dann das Verb boykottieren.“

Charles Boycott konnte, spät im November 1880, mit Hilfe von Soldaten und Freiwilligen aus dem Norden Irlands seine Ernte schließlich doch noch einfahren. Dennoch war die Irische Landliga aber letztlich erfolgreich: Charles Boycott verließ seinen Landsitz, zusammen mit Frau und Hund, noch im selben Jahr. Captain Boycott verstarb 1897. (hof)

Wie genau ist das Satelliten-Navigationssystem GPS?

Das Global Positioning System (GPS): Für manch einen hat sich dieses Satelliten-Navigationssystem zum unentbehrlichen Helferlein entwickelt. Eingebaut ins Auto dirigiert es mit blecherner Automatenstimme zum Ziel. Und als handlicher Empfänger hilft es dem Wanderfreund dabei, sich in Wald und Flur zu orientieren. GPS basiert auf einem dichten Netz von Satelliten, sagt Andreas Bauch von der Physikalisch-Technischen Bundesanstalt in Braunschweig: „Die Satelliten senden Signale aus. Aus der Ankunftszeit der Signale kann man auf den Abstand zwischen mir und der Position des Satelliten schließen."

Die Signale von mindestens vier Satelliten braucht der Empfänger, um seine Position auf der Erde auszurechnen. Mit einem handelsüblichen Empfänger ging das früher allenfalls bis auf zehn Meter genau. Der Grund: Die von jedermann zu empfangenen Signale waren auf bestimmte Art verschlüsselt. Gleichzeitig strahlten die Satelliten auch weitere, nichtöffentliche Signale ab. Ein handelsüblicher Empfänger konnte damit nichts anfangen – das vermochten nur militärische Geräte, weshalb die US-Militärs ihre Panzer und Schiffe wesentlich genauer navigieren konnten als der Geschäftsmann seinen Mercedes.

Seit dem Jahr 2000 ist diese künstliche Ungenauigkeit abgeschaltet. Seitdem messen auch die zivilen Navigationssysteme in neun von zehn Fällen besser als zehn Meter. Mit einer neuen, aufwändigeren Methode, dem differentiellen GPS (DGPS), lassen sich sogar Genauigkeiten von bis zu einem halben Meter erreichen. (fg)

Warum ist die 50-Cent-Münze größer als der Euro?

Kleine Werte – kleine Münze: Dieser Gedanke ist naheliegend. Doch bei der Entwicklung der Euromünzen ließ sich dieser Gedanke nicht verwirklichen. Denn die kleinste Münze sollte nicht zu winzig ausfallen, damit man mit ihr noch ordentlich hantieren kann, und die größte Münze sollte nicht zu groß werden, um die Geldbeutel der Bürger nicht über Gebühr mit Gewicht zu belasten. Daher hat man sich auf Durchmesser zwischen 16 mm und 26 mm geeinigt. Keine allzu große Spannbreite, um alle Münzen allein anhand ihres Durchmessers unterscheiden zu können, schildert Helmut Hammes. Er ist bei der Deutschen Bundesbank zuständig für die Bargeld-Emission: „Wir haben acht Münzen, und wir müssen diese Münzen alle in dem Spektrum 16 bis 26 mm unterbringen. Das heißt, der Unterschied wäre dann nur etwas mehr als 1 mm gewesen. Die Blindenverbände haben aber gesagt, dass Blinde mindestens etwa 2,5 mm Unterschied im Durchmesser benötigen, um die Abstände ganz eindeutig voneinander unterscheiden zu können."

Deshalb wurden die Münzen in Gruppen aufgeteilt. Helmut Hammes: „Es wurden drei Münzgruppen gebildet, die sich durch Material und Farbe voneinander unterscheiden: die unterste Gruppe, die 1, 2, und 5 Cent, also die roten Münzen; dann die mittlere Gruppe: 10, 20 und 50 Cent, die goldfarbenen Münzen; und die obere Gruppe: 1 und 2 Euro, die zweifarbigen Münzen. Bei den Gruppenübergängen – von der unteren in die mittlere und von der mittleren in die obere – gibt es Überlappungen beim Durchmesser. Das heißt zum Beispiel, dass die 50-Cent-Münze größer ist als die 1-Euro-Münze. Ansonsten wären unterscheidbare Mindestabstände beim Durchmesser nicht möglich gewesen."

Zusätzlich sind die Münzen unterschiedlich dick, und es gibt noch ein weiteres Unterscheidungsmerkmal: die Randgestaltung der Münzen: „Wir haben zum Beispiel bei der 2-Cent-Münze eine durchgehende Randriffelung. Man kann sie daher durch die Kombination der Merkmale eindeutig von den beiden benachbarten Gruppen unterscheiden und auch von den anderen Münzen."

Übrigens: Schon zu D-Mark-Zeiten war zum Beispiel das 50-Pfennig-Stück kleiner als die 10-Pfennig-Münze. (bse)

Schadet die Mikrowelle den Vitaminen?

Essen rein, anstellen, drei Minuten warten – warm. Schnell, bequem und überdies energiesparend ist sie ja, die Mikrowelle, und so hat sie sich seit den 1970er-Jahren einen Stammplatz auch in deutschen Küchen erobert. Doch wie funktioniert solch ein Gerät? Lutz Dehne ist Lebensmitteltechnologe am Bundesinstitut für Risikobewertung in Berlin und kennt die Antwort: „Bei der Mikrowelle wird die Energie in Form von elektromagnetischer Strahlung von außen ans Lebensmittel herangebracht, die Wärme entsteht im Lebensmittel selbst. Und zwar in erster Linie durch Reibung zwischen den Wassermolekülen. Die meisten Lebensmittel, die für die Mikrowelle geeignet sind, sind ja sehr wasserreich." Wie zum Beispiel Kartoffeln, Sauerkraut und Rinderbraten nebst Soße.

Die eingeleitete Energie bringt also die Wassermoleküle im Lebensmittel zum Schwingen, mit einer Frequenz von 2,5 Milliarden pro Sekunde (2,455 GHz), und durch die Bewegung der Wassermoleküle entsteht Wärme. Wäre es hierbei möglich, dass die elektromagnetischen Wellen die Lebensmittel irgendwie anders verändern als beim gewöhnlichen Kochen und beispielsweise die Vitamine angreifen? Lutz Dehne winkt ab: „Bei der Mikrowelle wissen wir heute sehr genau, dass die Wirkungen durch die entstandene Wärme entstehen und keine direkten strahlenspezifischen Wirkungen auf das Lebensmittel treffen." Lutz Dehne zufolge schadet den Vitaminen eher zu starkes und zu langes Erhitzen, wie es beim herkömmlichen Kochen der Fall ist. Als zweiter Vitaminfeind kommt dort zudem das Kochwasser hinzu, weil es wasserlösliche Vitamine ausschwemmt.

Die Mikrowelle hingegen braucht kein Wasser und hat kurze Garzeiten; jedenfalls wenn man sie richtig benutzt. Lutz Dehne: „Wichtig ist, dass man keine zu großen Portionen verwendet; denn eine Faustregel ist: doppelte Menge, doppelte Garzeit. Zum zweiten: Nur wenig Wasser hinzutun, um die Auslaugverluste zu verringern. Wenn man die Mikrowelle sachgemäß verwendet, dann kann sie zu den vitaminschonenden Verfahren gezählt werden." (fc)

Warum bedeckt man in der Synagoge den Kopf, nicht aber in der Kirche?

Die Kopfbedeckung der Juden, die Kippa, gibt es gehäkelt mit verschiedenen Mustern oder in schwarzem Samt, und auch für Nicht-Juden ist es ein Zeichen der Höflichkeit, wenn sie beim Besuch einer Synagoge oder eines jüdischen Friedhofs den Kopf bedeckt halten. In der Bibel wird man indes vergeblich nach einem solchen Gebot suchen, erzählt Lothar Bauerochse; er ist Kirchenredakteur beim Hessischen Rundfunk: „Das ist keine sehr alte Sitte. Entstanden ist die Tradition vermutlich erst im Mittelalter, im 12./13. Jahrhundert; entstanden ist sie aus der Begegnung der drei großen monotheistischen Religionen, also Judentum, Islam, Christentum."

Die Kopfbedeckung der Juden, die Kippa, entstand aus dem Bedürfnis, sich von den Angehörigen anderer Religionen zu unterscheiden. Noch heute können wir dieses Phänomen beim Streit um das Kopftuch für muslimische Frauen beobachten, die damit ebenfalls ihre religiöse Zugehörigkeit ausdrücken wollen. Aber natürlich gibt es auch eine religiöse Interpretation für die Kippa. Lothar Bauerochse: „Die Kippa soll den Gläubigen daran erinnern, dass ein Himmel über ihm ist, dass er in Respekt, Demut und Ehrfurcht vor Gott im Himmel lebt – den ganzen Tag von morgens bis abends. Deswegen wird die Kippa, jedenfalls von orthodoxen und konservativen Juden, den ganzen Tag getragen, von anderen nur während der Gebetszeiten."

Im Unterschied hierzu legen die Christen den Hut in der Kirche ab, weil er für sie gerade keine religiöse Bedeutung hat: „Es wird gerade im Gottesdienst darauf geachtet, dass man keinen Hut trägt, weil der Hut immer auch als ein Statussymbol angesehen wird. Es war ja in der bürgerlichen Gesellschaft so: Wer etwas auf sich hielt, trug einen Hut. Und diesen besonderen Status soll man vor Gott ablegen; man soll als ganz schlichter Mensch da sein."

Vor Gott sollen alle Menschen also gleich sein. Nur für eine bestimmte Gruppe Katholiken scheint das nicht zu gelten: „Bischöfe tragen Hüte. Man kann im Grunde sagen: Je wichtiger der Amtsträger ist, desto größer der Hut. Der Papst trägt ja die hohe Mitra, aber auch der Papst legt in dem Moment, in dem er die Eucharistie feiert, den Hut ab." (utz)

Warum wird wurmstichiges Obst als erstes reif?

Wie alle Pflanzen müssen sich auch Obstbäume vor Krankheiten und Fraßfeinden schützen. Dazu setzen sie verschiedene Maßnahmen ein, erläutert Prof. Helmut Jacob. Er ist Leiter des Fachgebiets Obstbau an der Forschungsanstalt Geisenheim: „Bei Beschädigungen, wenn es nur die äußeren Partien der Frucht sind, versucht die Frucht zunächst, einen Verschluss der Wunde durch die Bildung von neuen abschließenden Zellschichten zu bilden, auch um Fäulniserreger abzuwehren."

Das ist deshalb wichtig, weil sich Fäulniserreger rasch über den ganzen Baum verbreiten und nicht nur die Früchte gefährden könnten. Doch Abwehrstufe eins, das Verschließen der Wunden, bleibt wirkungslos, wenn ein Wurm die Frucht befallen hat. Denn der frisst sich tief in die Frucht hinein. Der Baum schaltet nun auf Abwehrstufe zwei: „Der Baum möchte die beschädigte Frucht loswerden, weil sie für ihn eine Gefahr darstellt, und bildet deshalb in dieser Frucht Äthylen."

Äthylen, erläutert Prof. Helmut Jacob, ist ein Pflanzenhormon mit doppelter Wirkung: Erstens lässt es die Frucht schneller reifen; und zweitens bildet es ein spezielles trennendes Gewebe zwischen Stiel und Ast: „Deshalb wird die Frucht dann meistens schon vorzeitig abgestoßen, oder sie fällt früher als die übrigen, unbeschädigten oder nicht verwurmten Früchte, weil ein Trenngewebe zwischen Stielansatz und Holz gebildet wird. Beide Vorgänge, Trenngewebebildung und Reifungsfortschritt der Frucht, gehen Hand in Hand durch die Äthylenbildung in der Frucht."

Indem er wurmstichige Früchte schneller reifen lässt, schützt der Baum sich also selbst vor dem Übergreifen eventuell vorhandener Fäulniserreger auf seine Zweige. Und die Samen in den wurmstichigen Äpfel haben zusätzlich eine etwas größere Chance, zu einem neuen Bäumchen auszukeimen. (fe)

Warum bunkert man sein Geld in einer Bank?

Die Bezeichnung Bank für ein Geldinstitut stammt aus dem Italienischen – wie andere Worte aus dem Bankwesen: Konto, brutto, netto. Im 15. Jahrhundert wurden diese Wörter aus dem Italienischen entlehnt, denn es waren italienische Kaufleute und Geldwechsler, die am Anfang des europäischen Bankwesens standen. Doch eine Bank bezeichnet im Deutschen nicht nur ein Geldinstitut, sondern auch eine Sitzgelegenheit – und es gibt tatsächlich eine gemeinsame Wurzel für die Bank als Sitzgelegenheit und als Geldinstitut.

„Bank“ bezeichnet bekanntlich auch eine Erhöhung im Meeresboden, eine Sandbank; und wenn man weit in die Sprachgeschichte zurückblickt, ins Althochdeutsche des 8. bis 11. Jahrhunderts, dann hatten damals die Wörter „bank“, „bänk“ oder „bäne“ stets mit etwas Erhöhtem zu tun, weiß Dr. Lutz Kuntsch von der Gesellschaft für Deutsche Sprache in Wiesbaden. Auch unsere heutige Sitzgelegenheit ist ja ein „erhöhter Sitzplatz“.

Schon früh wurde das germanische Wort in seinen Vorformen auch ins Romanische übernommen und kam dann aus dem Italienischen als „banco“ in einer neuen Bedeutung ins Deutsche zurück: Als „Bank“ wurde in Italien ein Geldinstitut deshalb bezeichnet, weil ursprünglich der lange Tisch des Geldwechslers damit gemeint war, jener Tisch also, an dem Bankgeschäfte abgeschlossen wurden. Später hat man dann die Bezeichnung des Tisches für das ganze Institut, für das Geldinstitut, benutzt. Der Begriff „Bank“ bezeichnete früher also auch eine Kombination aus Sitzgelegenheit und Tisch, aber nicht nur früher: Noch heute bestehen Kirchenbänke bekanntlich aus einer fest montierten Einheit von Sitzgelegenheit und Gesangbuchablage.

„Homonym“ nennen die Sprachwissenschaftler übrigens solch ein Wort, das verschiedene Bedeutungen hat – den übrigen Menschen ist es eher als „Teekesselchen“ bekannt. Wobei „Teekessel“ früher auch „Tölpel“ bedeuten konnte: Ob aber ein „Hohlkopf“ Pate stand für unser Teekesselchen-Raten: Das kann man heute leider nicht mehr nachvollziehen. (gr)

Wo in Deutschland gibt es einen Geysir?

Es gibt tatsächlich einen Geysir in Deutschland, einen so genannten Kaltwassergeysir, und zwar bei Andernach, auf einer Halbinsel im Rhein. Getrieben wird dieser Geysir von Kohlensäure, die sich tief unten im Boden ansammelt. Das berichtet Dipl.-Ing. Jan Deuster von den Stadtwerken Andernach: „Grundsätzlich ist es so, dass die Gesteinsformationen, die man hier vorfindet, relativ schlecht durchlässig sind. Man hat aber in bestimmten Abständen – teilweise in fast regelmäßigen Abständen – Gesteinsschichten, die sehr quarzhaltig sind. Und Quarz hat die Eigenschaft, dass es relativ porös ist. Und somit die Möglichkeit für Wasser oder Gas – in diesem Fall Kohlensäure – dort zu fließen oder zu strömen."

Jan Deuster hat in diese kohlensäureführenden Gesteinsschichten eine Bohrung niedergebracht. Der Effekt ist der gleiche, als wenn man eine Sprudelwasserflasche kräftig schüttelt und dann öffnet; das Wasser beginnt empor zu wallen: „Danach dauert es circa zwei Minuten, bis der eigentliche Ausbruch dieser Fontäne beginnt – innerhalb von zwei Minuten baut sich eine 45 Meter hohe Fontäne auf. Die bleibt zwei, drei Minuten bestehen und baut sich dann langsam wieder ab."

45 Meter – das ist ungefähr so hoch wie ein zwölfstöckiges Wohnhaus. Nach zwei Stunden hat sich wieder genug Kohlensäure angesammelt, und der Geysir bricht von Neuem aus. Wer nun den Kaltwassergeysir von Andernach besuchen will, wird aber leider Pech haben: Die Bohrung liegt nämlich in einem Naturschutzgebiet. Und bis sich die Stadt Andernach mit der Naturschutzbehörde geeinigt hat, wie Besucher an den Geysir herankommen können, verschließt ein dicker Stopfen das Loch. (utz)

Wie koordinieren sich Fisch- und Vogelschwärme?

Fische und Vögel bilden Schwärme, um sich besser vor Feinden zu schützen und um gemeinsam nach Futter zu suchen. Anders als in einer Formation, wie beispielsweise beim Vogelzug gen Süden, gibt es im Schwarm keine festgelegten Aufgaben. Dr. Hans-Peter Ziemek von Institut für Biologiedidaktik der Universität Gießen: „Jedes Tier kann jede Position übernehmen. Es gibt keinen Chef, der irgendwelche Regeln vorgibt. Jeder Fisch und jeder Vogel spielt im Schwarm seine ganz bestimmte Rolle, die darin besteht, möglichst dicht bei seinem Nachbarn zu bleiben. Und der, egal was passiert, diese Situation auch beibehält. Daher wird man in einem Fischschwarm immer die Situation finden, dass jeder Fisch maximal die Hälfte seiner Körperlänge vom Nachbarfisch entfernt bleibt. So entsteht der Eindruck eines sehr kompakten Schwarms, wie wir ihn dann wahrnehmen.“

Aus diesem Grund finden sich in Fischschwärmen durchweg Fische gleicher Größe zusammen. In welche Richtung der Schwarm sich bewegt, kann jedes einzelne Tier mitbestimmen. Dr. Hans-Peter Ziemek: „Jeder Fisch, jeder Vogel schwimmt oder fliegt erst einmal im Schwarm geradeaus. Ab dem Zeitpunkt eines Angriffs oder ab dem Zeitpunkt, dass ein Fisch oder ein Vogel ein Futterobjekt gefunden hat, wird er versuchen, dorthin zu gelangen oder dem Beutegreifer auszuweichen. Und alle anderen Fische oder Vögel ahmen dies nach, indem sie immer dicht bei ihrem Nachbarn bleiben. So kommt es zu plötzlichen Richtungsänderungen, die scheinbar koordiniert wirken, die aber letztlich nur daraus bestehen, dass alle das gleiche tun, weil ihr Nachbar auch das gleiche tut.“

Und Schwärmen will gelernt sein. Erst Übung macht den Meister: „Alle Tiere müssen lernen, zu schwärmen. Dieses Lernen ist so ähnlich, wie bei uns, wenn wir Autofahren lernen. Wir müssen ja auch lernen, Abstand zu halten. Und so muss jeder junge Fisch oder jeder junge Vogel lernen: Wie dicht kann ich aufschwimmen oder auffliegen, bevor es zum Zusammenstoß kommt. Wenn ich im Experiment einem Fisch oder einem Vogel diese Möglichkeit nehme, als Larve oder als Jungvogel das zu lernen, dann braucht er einige Zeit, bis er das drauf hat. Er lernt es letztlich aber mit einigen Unfällen auch noch im Erwachsenenalter.“ (ed)

Dürfen Mitgliedsstaaten von EU und USA aus ihrem Verbund austreten?

Seit ihrer Gründung ist die Europäische Union immer weiter angewachsen, von anfangs sechs auf mittlerweile 25 Mitgliedsstaaten. Was aber wäre, wenn ein Mitgliedsstaat die Union wieder verlassen möchte? Ob das möglich wäre, erklärt Stefan Forrester von der Vertretung der Europäischen Kommission in Berlin: „Der Vertrag über die Europäische Union sieht einen Austritt nicht ausdrücklich vor. Völkerrechtlich ist es allerdings so, dass bei einem unbefristet abgeschlossenen Vertrag ein Staat die Möglichkeit hat, diesen zu beenden."

Dazu müsste der austrittswillige Staat mit den anderen Mitgliedsstaaten aushandeln, zu welchen Bedingungen die Trennung vollzogen wird. Schließlich wären eine Menge komplizierter Fragen zu klären, vom freien Personenverkehr über die Zollunion bis zur Niederlassungsfreiheit. Einen Austritt aus der Europäischen Gemeinschaft hat es tatsächlich bereits gegeben. Stefan Forrester: „Das war Grönland als Teil Dänemarks, das ist wieder ausgetreten aus der Union."

Diese Möglichkeit, die EU freiwillig zu verlassen, ist auch im Entwurf für die künftige europäische Verfassung vorgesehen. Die Verfassung der USA dagegen enthält einen solchen Passus nicht, sagt Winfried Brugger. Er ist Juraprofessor in Heidelberg und Spezialist für das Verfassungsrecht der USA: „Es ist aber möglich, wenn alle Einzelstaaten zusammen mit dem Bundesstaat dies einverständlich beschließen würden. Es müsste ein entsprechendes Verfassungsänderungsverfahren eingeleitet werden, das in den USA ziemlich schwierig ist. Theoretisch wäre so etwas möglich, praktisch aber undenkbar."

Die einseitige Austrittserklärung eines Staates gegen den Willen des Bundesstaates ist dagegen völlig ausgeschlossen. Als im Jahre 1861 elf Südstaaten versuchten, sich von den USA abzulösen, führte das zum Bürgerkrieg. Winfried Brugger: „Im 19. Jahrhundert gab es große Auseinandersetzungen über die Frage, ob die Sklaverei abgeschafft werden sollte. Hier standen sich im Wesentlichen die Nordstaaten und die Südstaaten gegenüber. Der Versuch der Südstaaten, hier auszutreten, wurde mit Gewalt niedergeschlagen." Dieser Bürgerkrieg dauerte bis Mai 1865, kostete 600.000 Menschen das Leben und verwüstete weite Landstriche. (fe)

Wuchs wirklich Pisum in der Erbsengasse?

In auffällig vielen Dörfern gibt es eine Erbsengasse. Dass die Hauptstraße „Hauptstraße“ genannt wurde, ist leicht zu verstehen. Das gilt auch für die Kirchstraße, für die Bäckergass’ oder für die mutmaßlich nicht eben ruhig befahrbare Klappergass’; und die Kartoffelgass’ war vermutlich früher der Weg zum nächsten Kartoffelacker, sagt der Leiter der Marburger „Arbeitsstelle Sprache in Hessen“, Prof. Heinrich Dingeldein: „Die Bezeichnung war etwas, was die Sprechergemeinschaft gemeinsam wusste, um sich leichter darüber zu verständigen. Das konnten Feldfrüchte sein, Geländeformen, Gebäude, schmutzige, steinige oder bergige Straßen.“

Aber Erbsen? Die ersten nach der Erbse benannten Wege kann Sprachforscher Dingeldein ins 16. Jahrhundert datieren: „Es ist wirklich die Erbse. Sie hat früher eine ganz andere Rolle gespielt als heute. Sie war, bevor die Kartoffel eingeführt wurde, eines der Grundnahrungsmittel. Vor allem in neu gerodetem Land hat man die Erbse angepflanzt.“ An den Wurzeln der Erbsen leben nämlich die so genannten Knöllchenbakterien, die in großen Mengen den Stickstoff der Luft einfangen und den Pflanzen als Dünger zur Verfügung stellen.

Die ersten Erbsenfunde stammen aus dem Irak und sind etwa 8.000 Jahre alt. Vor 4.000 Jahren war die Gattung Pisum schon in ganz Europa bekannt. Aus offiziellen Mitteilungen von Karl dem Großen geht zum Beispiel hervor, dass Ackerbohnen und Erbsen in großem Umfang kultiviert wurden: als Nahrung für Mensch und Tier. Auch Korngassen gibt es daher häufig, Bohnengassen aber seltener, denn Bohnen wurden nicht so häufig angebaut.

Interessant ist, dass es viele Erbsen-„Gassen“ gibt, aber kaum Erbsenstraßen oder Erbsenwege: „Wir hatten früher im Deutschen die Unterscheidung zwischen Weg, Gasse und Straße. ‘Weg’ war etwas, das aus der Siedlung wegführte. Die ‘Gasse’ war innerhalb der Ortschaft, und die ‘Straße’ war eine Verbindung zwischen den Siedlungen. Wenn man also eine Erbsengasse hat, dann ist davon auszugehen, dass sie nicht vom Ort wegführte sondern in Richtung Erbsenacker oder dorthin, wo Erbsen gelagert wurden.“ (ric)

Warum gibt es keinen Hummelhonig?

Auch die Hummeln sammeln – wie die Honigbienen – Pollen und Nektar, denn beides ist für unsere wichtigen Blütenbestäuber eine nahrhafte Mahlzeit, bestehend aus viel Zucker und Eiweiß. Doch die Hummeln nutzen den als Blütenstaub bezeichneten Pollen und den Nektar nicht nur für sich selbst, erläutert der Biologe Dr. Klaus Richarz von der Staatlichen Vogelschutzwarte Hessen, Saarland und Rheinland-Pfalz: „Hummeln sammeln Blütenstaub, um ihre Brut damit zu ernähren. Die Brut wird direkt mit dem Blütenstaub versorgt, während die Bienen ja Vorratswirtschaft betreiben. Bienen bauen Waben aus Wachs, und in diese Wachswaben wird der Blütenstaub in Form von Honig platziert, um später an diesen Vorrat rangehen zu können und die Brut zu versorgen. Das ist der Unterschied: Beim einen wird sozusagen direkt weitergegeben, beim anderen kommt's in die Vorratskammer."

Doch weshalb legen sich Honigbienen einen Honigvorrat an und die Hummeln nicht? Der Grund liegt in ihrer unterschiedlichen Fähigkeit, kühle Temperaturen auszuhalten. Im Gegensatz zu den Hummeln sind die Bienen nämlich sehr kälteempfindlich. Wenn es draußen unter 14 °C ist, fliegen sie nicht aus. Zusätzlich müssen sie dann den Bienenstock durch Muskelzittern beheizen. Und dies geht nur, wenn entsprechende Futtervorräte für solch eine Energie raubende Tätigkeit vorhanden sind, erläutert der Direktor des Institutes für Bienenkunde in Oberursel, Prof. Nikolaus Koeniger: „Im Gegensatz zu vielen anderen Insekten, die ihre Temperatur senken und die bei kalten Temperaturen überleben können, müssen die Bienen mindestens 15 Grad haben. Der Honig ist ihr sozialer Energievorrat, der dazu genutzt wird, die Temperatur zu halten. Mit anderen Worten: Wir verdanken den Honig, den wir uns aufs Brot schmieren, der Unfähigkeit der Bienen, kalte Temperaturen auszuhalten."

Hummeln hingegen begeben sich schon ab Temperaturen von 4 °C auf Nahrungssuche, denn durch ihre dichte, pelzartige Behaarung sind sie wesentlich besser gegen Kälte geschützt: Eine Anpassung, die es ihnen möglich macht, sowohl kühlere Tageszeiten als auch kühlere Jahreszeiten zur Nahrungssuche zu nutzen. Und sie können überdies nördlichere Breiten besiedeln als die Honigbienen. (bse)

Woher weiß der Nachtstromzähler, dass es Nacht wird?

Ein gewöhnlicher Stromzähler registriert den Stromverbrauch unabhängig von der Tageszeit. Für jede verbrauchte Kilowattstunde zahlt man also gleich viel. Im Prinzip aber lässt sich der Verbrauch auch unterschiedlich abrechnen – und zwar nach Tag- und nach Nachtstrom. Viele Energieversorger bieten nämlich zwei Verbrauchszeiträume an: Tagsüber, wenn die Haushalte viel Strom benötigen, wird nach dem Hochtarif berechnet. Nachts hingegen kann ein günstigerer Niedrigtarif gelten.

Diesen billigen Nachtstrom kann man aber nur nutzen, wenn man einen so genannten Zweitarifzähler hat. Dieser Stromzähler besitzt zwei getrennte Laufwerke: eines für den Hochtarif am Tag, eines für den Niedrigtarif in der Nacht. Zu einer bestimmten Uhrzeit schaltet ein Steuerimpuls vom Kraftwerk den Zähler automatisch um. Wie viel man dadurch sparen kann, lässt sich pauschal nicht sagen. Das hängt vom jeweiligen Stromanbieter ab. Doch es gibt ein paar Faustregeln: So rentiert sich die Umstellung auf den Zweizeitentarif zumeist nur, wenn man mehr als 5.000 Kilowattstunden pro Jahr verbraucht und mindestens ein Viertel des Stromverbrauchs in die Nacht verlegen kann. Das lässt sich unter anderem dadurch bewerkstelligen, dass man Waschmaschine und Geschirrspüler erst abends einschaltet, den Wäschetrockner nur nachts laufen lässt, oder – auch solche Leute soll's geben – beim Spätkrimi das Bügeleisen schwingt.

Auf diese Weise lassen sich im Jahr zwischen 40 und 100 Euro sparen. Aber Vorsicht: Nicht bei jedem Energieversorger ist der Zählertausch kostenlos. Sich einen Zähler mit zwei Scheiben montieren zu lassen, kann durchaus mit 50 Euro zu Buche schlagen. (fg)

Gibt es in Japan Kreuzworträtsel?

Kreuzworträtsel gibt es seit dem 21. Dezember 1913: Der Journalist Arthur Wynne veröffentlichte damals das weltweit erste Kreuzworträtsel in der US-amerikanischen Zeitung „New York World“. In China gibt es bis heute keine Kreuzworträtsel, denn in China steht jedes Schriftzeichen für ein ganzes Wort. Die japanische Schrift benutzt zwar ähnliche Schriftzeichen, aber damit ein Japaner weiß, wie er sie auszusprechen hat, folgen dahinter immer einige Zeichen aus einer Silbenschrift. Und mit dieser Silbenschrift kann man im Prinzip auch Kreuzworträtsel konstruieren, erzählt Hideki Yamaguchi: „Es gibt auch in Japan viele Liebhaber von Kreuzworträtseln, aber ich habe diese Leidenschaft eigentlich erst in Deutschland kennen gelernt.“

Hideki Yamaguchi ist Lektor für japanische Sprache am Japanologischen Institut der Universität Frankfurt am Main. Ein Hinweis, dass Kreuzworträtsel eine ausländische Erfindung sein müssen, ist das japanische Wort für „Kreuzworträtsel“: Deutlich hört man noch das englische „crossword puzzle“ heraus. Die Kreuzworträtsel selbst sehen nicht anders aus als bei uns: „Wir benutzen aber keine lateinischen Buchstaben, sondern diese Silbenschrift-Zeichensysteme.“

Ein Wort wie I-ke-ba-na enthält vier Silben, „Ikebana“ würde, mit Silbenschrift geschrieben, also vier Felder erfordern. Insgesamt gibt es 46 unterschiedliche Silben, sie entsprechen im japanischen Kreuzworträtsel den 26 Buchstaben unseres Alphabets. Kompliziert wird die Sache allerdings dadurch, dass es zwei verschiedene Silbenschriften im Japanischen gibt: eine Silbenschrift für Fremdwörter und eine Silbenschrift für japanische Wörter – auch wenn die Silben selbst genau gleich lauten. So kann es passieren, dass in ein und demselben Kreuzworträtsel die beiden Silbenschriften kreuz und quer durcheinander gehen. Am Ende ergibt sich dann häufig wie bei uns ein Lösungswort. Hideki Yamaguchi: „Wenn man alle Wörter herausgefunden hat, und wenn man eine bestimmte Reihenfolge gefunden hat, könnte man zum Beispiel ein Haiku-Gedicht herausfinden.“

Ein Haiku-Gedicht hat immer genau 17 Silben. Und das ist dann ein sehr japanischer Abschluss für ein Spiel mit Worten, das übers weite Meer nach Japan gekommen ist. (utz)

Wie viel Mutterkorn darf im Mehl sein?

Manchmal findet auch Landwirt Matthias Mehl aus der Wetterau die schwarzen Fruchtkörper vom Mutterkornpilz in seinem Getreide. Er baut selbst Getreide an und muss immer darauf achten, dass möglichst kein Mutterkorn in seinem Saatgut ist: „Es gibt einen Grenzwert für Mutterkorn, das ist 0,05 % und gilt für Roggen und für Weizen. Dazu kommt, dass beim Backvorgang, wenn Sie ein Gebäck herstellen, diese Gifte, die Alkaloide des Mutterkornpilzes, abgeschwächt werden."

Mutterkorn ist eine Pilzkrankheit, die sich während der Blüte des Getreides ausbildet, hauptsächlich befallen ist der Roggen. Die Pilzsporen infizieren die offene Blüte, und es bilden sich anstatt der normalen Getreidekörner vergleichsweise riesige, schwarze „Mutterkörner" – sie sind ungefähr dreimal so groß wie ein normales Korn. Daher kann sie auch jeder Laie mit bloßem Auge erkennen. Der wichtigste Faktor für die Übertragung des Mutterkornpilzes ist das Wetter: Wenn es während der Blütezeit zu feucht ist, gibt es mehr Mutterkorn. Aber auch im Saatgut selbst sollte natürlich kein Mutterkorn sein, da sonst das neue Getreide direkt wieder befallen wird. Matthias Mehl: „Die Krankheit wird im Getreidebau mit dem Saatgut weiterverbreitet. In früheren Jahrhunderten gab es keine Saatgutreinigung; heute gibt es aber wesentlich bessere Maschinen, und durch die bessere Saatgutreinigung werden die Mutterkörner abgetrennt. Sie werden nicht wieder mit ausgesät."

Durch die verfeinerten Säuberungsmethoden ist Mutterkorn heute kein großes Problem mehr; das war im Mittelalter noch ganz anders: „Es verursachte die so genannte Kribbelkrankheit; in den Fingern und Füßen bekommen sie ein Kribbeln, das ist das Symptom. Die Erkrankung führt so weit, dass sich die Gefäße verengen, die Durchblutung wird unmöglich, und im 16. und 17. Jahrhundert gab es große Epidemien, da sind den Leuten die Extremitäten abgefault."

Heute sind die Mengen an Mutterkorn-Gift so gering, dass sie nicht gefährlich sind, und durch Backen wird das Gift ohnehin nochmals abgeschwächt. (hof)

Wird die Erde täglich schwerer?

Ständig dringen Meteoriten in die Atmosphäre ein, die meisten von ihnen sind nicht größer als ein Staubkorn. Die Sonne spuckt heiße Gase in den Weltraum; einen Teil davon bekommt auch die Erde ab, als so genannten Sonnenwind. Die Folge: „Die Erde nimmt dauernd zu. Was viele Mitmenschen nicht machen wollen, das macht die Erde ständig. Aber der Effekt ist sehr, sehr gering.“ Sagt Andreas Wieck, er ist Physikprofessor an der Ruhruniversität Bochum. Die erwähnte Massenzunahme ist tatsächlich extrem klein. Exakt ausrechnen lässt sie sich nicht, aber wenigstens grob abschätzen. Die Erde wiegt nämlich rund 5,97 mal 10^{21} Tonnen; das ist eine Zahl mit 22 Stellen. Man schätzt, dass pro Jahr 50.000 Tonnen an Meteoriten, vor allem in Form von winzigen Mikrometeoriten, auf die Erde niedergehen – das ist eine Zahl mit gerade mal fünf Stellen. Der Sonnenwind hingegen kommt zum größten Teil gar nicht bei uns an. Prof. Andreas Wieck: „Die meisten Partikel sind elektrisch geladen. Sie werden daher vom Magnetfeld der Erde schon weit vor ihr abgelenkt und kommen dann gar nicht zu uns. Insofern haben wir mit dem Erdmagnetfeld einen sehr schönen Schutzmantel.“

Und dann gibt es da auch noch gegenläufige Effekte – planetarische Schlankmacher, wenn man so will: „Die Erde verliert ständig Masse, indem Helium von der Erde entweicht. Dieses Helium steigt auf, weil es so leicht ist. Es steigt auf ohne Ende, verlässt die Atmosphäre, verlässt das Schwerefeld der Erde und ist damit verloren.“

Und wenn man's ganz genau nimmt, dann müsste man natürlich noch die Masse jener Satelliten und Raumsonden abziehen, die unseren Planeten auf Nimmerwiedersehen verlassen, weil sie in Richtung Mond oder Mars oder Jupiter aufbrechen. Unterm Strich aber kommt dennoch heraus, dass die Erde allmählich schwerer wird – allerdings nur so wenig, dass das im wahrsten Sinne des Wortes nicht weiter ins Gewicht fällt. (fg)

Was predigt man einer Gardine?

Als Gardinenpredigt bezeichnet man eine scharfe Zurechtweisung, ein heftiges Schimpfen. Eine solche ‘Predigt’ fand ursprünglich im Ehebett statt, erzählt Heiner Boehncke; er ist Professor für Literaturwissenschaften und Redakteur beim Hessischen Rundfunk: „Da geht es meistens um Vorwürfe: ‘Alter, wo hast du dich wieder herumgetrieben. Hier im Bett sage ich dir, dass ich das nicht dulde, sonst reiße ich dir den Kopf ab.’ So kann man sich eine Gardinenpredigt vorstellen.“

Gardinenpredigt hieß eine solche Tirade deshalb, weil die Frau ihrem Mann die Vorhaltungen hinter den Bettvorhängen nahe brachte: „Im Mittelalter hatten wir die Großfamilie, da haben Männlein und Weiblein, Großvater, Großmutter und die Kinder zusammen in einem großen Raum geschlafen. Um seinen Schlafbereich abzutrennen, hat man einen Vorhang gespannt. Wenn also Herr und Frau Müller gemeinsam übernachten wollten, mussten sie diesen Anspruch dokumentieren: Ein Vorhang wurde gespannt.“

Bevor der Mann hinter den Vorhang ins Ehebett schlüpfte, war er vielleicht betrunken aus der Wirtschaft gekommen. Oder er hatte mit Freunden gezecht – im selben Raum, in dem auch seine Frau hinter der Gardine zu schlafen versuchte. Beides könnte Anlass für eine Zurechtweisung gewesen sein. Auf jeden Fall muss es bei einer solchen Gardinenpredigt im Ehebett sehr laut zugegangen sein, sonst wäre sie nicht in den allgemeinen Sprachgebrauch eingegangen. Prof. Heiner Boehncke: „Wir haben ein wunderbares literarisches Beispiel dafür – Sebastian Brant, der den ersten Bestseller geschrieben hat, das ‘Narrenschiff’. Da kommt auf Frühneuhochdeutsch die erste Gardinenpredigt der Literatur drin vor:

Die ander kyflet an dem bett:
Der eeman selten fryd do hett,
Musz hören predig ouch gar oft,
So manch barfuszer lyt vnd schloft.
(gr)

Warum leiden Erwachsene besonders arg an Kinderkrankheiten?

Kinder erkranken an Röteln, Masern, Windpocken, Keuchhusten und Mumps besonders häufig, weil ihr Immunsystem gleichsam noch lernen muss, Krankheitserreger abzuwehren. Erst die ständige Auseinandersetzung mit Krankheitskeimen macht das Immunsystem richtig leistungsstark, sagt Dr. Jens Steiß, Oberarzt der Kinderklinik an der Universität Gießen: „In der Kindheit fällt es dem Körper leicht, schnell Antikörper zu bilden. Je jünger der Mensch ist, umso leistungsfähiger ist zum Beispiel seine Thymusdrüse."

Die Thymusdrüse liegt unmittelbar hinter dem Brustbein und gehört – wie Milz, Knochenmark und Lymphknoten – zum Immunsystem des Menschen: „Die Thymusdrüse ist von grundlegender Bedeutung für die Funktionstüchtigkeit des Immunsystems; dort werden die so genannten T-Lymphozyten gebildet, die vor allem für die Infektabwehr wichtig sind. Mit zunehmendem Alter wird die Thymusdrüse allerdings kleiner und verfettet; dann müssen andere Organe die Funktion mit übernehmen. Je älter wir werden, umso schwerer fällt es dem Immunsystem, schlagkräftig auf Krankheitserreger zu reagieren: So kommt es dann zu erheblich schwereren Krankheitsverläufen bei so genannten Kinderkrankheiten im Erwachsenenalter."

Doch auch bei Kindern verlaufen „Kinderkrankheiten" nicht immer harmlos: Als Komplikation einer Maserninfektion bekommt etwa jedes tausendste Kind eine Gehirnentzündung: diese Kinder haben Lähmungen und Krampfanfälle, oft bleiben Schäden zurück. Im Erwachsenenalter gibt es vergleichbare Komplikationen noch häufiger, sagt Dr. Jens Steiß: „Es gibt ferner Zahlen, dass in Deutschland in jedem Jahr etwa 50 Kinder mit schweren Schäden geboren werden, weil ihre Mütter sich in der Frühschwangerschaft mit Röteln infiziert haben. Ein weiteres Beispiel sind junge Männer, die an Mumps erkranken, sie erleiden oftmals eine Hodenentzündung. Tritt diese beidseitig auf, können sie unfruchtbar werden."

Vorbeugen ist also auch bei „Kinderkrankheiten" besser als heilen: Der sicherste Schutz für Kinder und Erwachsene ist noch immer die Impfung. (sie)

Warum haben Muslime am Freitag frei?

Muslime, Juden und Christen – alle drei Religionen entstammen dem gleichen kulturellen Umfeld, aber ihre Ruhetage sind unterschiedlich: Freitag, Samstag, Sonntag. Unterschiedliche historische Herleitungen liegen diesem Umstand zu Grunde: Während die Christen den Sonntag auserwählt haben, weil – der Überlieferung nach – die Auferstehung Christi auf einen Sonntag fiel, wurde im Islam der Freitag zum religiösen Feiertag auserkoren, weil – der Überlieferung nach – Abraham an einem Freitag geboren wurde. Und dass die Juden den Samstag – den Sabbat – als Ruhetag feiern, erklärt sich aus der Schöpfungsgeschichte, erläutert hr-Kirchenredakteur Lothar Bauerochse: „Den Spruch kennen wahrscheinlich viele: ‘Sechs Tage hat Gott gearbeitet, die Welt erschaffen, und am siebten Tag ruhte er’. Man muss bei all diesen Feiertagen im Kopf behalten, dass in den religiösen Kalendern der Sonntag immer der erste Tag ist. Darauf muss man heute ausdrücklich hinweisen, weil in unseren normalen Kalendern heute der Montag der erste Tag der Woche ist. Hier ist eben der Sonntag der erste Tag der Woche, und deswegen ist der Samstag dann der siebte Tag.“

Die jüdische Religion ist diejenige, die für ihren Ruhetag die strengsten Regeln hat: Der Sabbat beginnt schon am Freitag bei Sonnenuntergang und dauert, bis am Samstag die Sonne untergegangen ist. In dieser Zeitspanne sollte der gläubige Jude absolute Ruhe einhalten und nichts anderes machen, als an Gott zu denken. Für Moslems hingegen ist der Freitag nicht wirklich ein freier Tag: In vielen muslimischen Ländern wird zumindest am Vormittag noch gearbeitet, und die Geschäfte haben gleichfalls geöffnet. Entscheidend ist, dass die Gläubigen sich am Freitag zum Gebet in der Moschee versammeln, um gemeinsam zu beten.

In Jerusalem, wo Gläubige aller drei Religionen leben, kommt es durch die unterschiedlichen Ruhetage am Wochenende zu einer eigenartigen Situation, weiß Lothar Bauerochse zu berichten: „Dort hat man das Phänomen, dass am Freitag bestimmte Geschäfte geschlossen haben, weil die Inhaber Muslime sind. Am Samstag ist im jüdischen Viertel totale Ruhe, und am Sonntag sind dann dort, wo Christen eine Ecke haben, die Geschäfte zu.“ (bse)

Warum wird es Eiskunstläufern beim Pirouettendrehen nicht schwindelig?

Auf dem Standbein rotieren sie unglaublich schnell um die eigene Achse, und der Schlittschuh des anderen Beines berührt scheinbar mühelos den Scheitel: Mehr als ein Jahrzehnt hartes Training erlaubt den Pirouetten-Königinnen, solche Kunstfertigkeit an den Tag zu legen. Bei derart schnellen Drehungen ist das Gleichgewicht entscheidend, und hier sind längst nicht alle Menschen gleich, sagt Dr. Andreas Scholz; er ist Physiologe an der Universität Gießen: „Das fängt schon mal damit an, dass es unterschiedliche Empfindlichkeiten gibt, was das Gleichgewichtsorgan betrifft. Das merkt man schon daran, dass der eine sich mit Begeisterung in die Achterbahnen stürzt; und der andere bleibt unten stehen, weil er genau weiß, dass ihm danach übel ist." Zum Glück lässt sich die Reaktion unseres Körpers auf schnelle Drehungen trainieren – und auch die Reaktion auf einen schwankenden Untergrund. Dr. Andreas Scholz: „Das beste Beispiel sind Seeleute. Mehrere Wochen zu Hause gewesen, kommen die auf's Schiff und sind dann auch die ersten Tage wieder seekrank."

Meldungen über die Lage unseres Körpers im Raum erhalten wir dank dreier Sinne: zum einen aus den Bogengängen unseres Innenohres, die auf Dreh- und Linearbeschleunigungen reagieren; auch Messfühler in Muskeln, Sehnen und Gelenken teilen dem Gehirn unsere Körperhaltung mit; und schließlich spielt der Sehsinn eine entscheidende Rolle.

Stichwort Sehsinn: Beim Pirouettendrehen verfolgen die Augen keineswegs die ganze Drehung, sie suchen sich vielmehr einen Fixpunkt: „Normal ist es so, dass das Gleichgewichtsorgan dafür ausgelegt ist, dass ich immer etwas im Blick habe. Wenn ich joggen gehe, dann geht es ja auch immer auf – ab, auf – ab; aber das Gehirn versucht, alles so zu schalten, dass das Auge bestimmte Fixpunkte länger als 0,2 Sekunden lang im Visier hat, damit es diese Fixpunkte erkennen kann. Und ähnlich macht man das auch beim raschen Drehen: Man sorgt dafür, dass man eine längere Zeit etwas im Blick hat und dann nur eine kurze Bewegung macht, um einen neuen Punkt anzuvisieren. Durch diese Blickwechsel – das Auge sieht ja auch, wohin ich mich bewege – und vor allem durch Training kann ich dann wieder gerade herauskommen aus der Drehung." (sie)

Warum sitzt in jeder Süßkirsche stets genau ein Wurm?

Maden wohnen nicht nur hinter eines Baumes Rinde, vielmehr ist auch der kleine weiße „Wurm“ in der Kirsche kein Wurm, sondern eine Made, die sich aus dem Ei einer Kirschfruchtfliege entwickelt hat: Wenn in der Reifungsphase die Kirschen gelb werden, sucht sich die Kirschfruchtfliege einen passenden Brutplatz. Tatsächlich legt sie in jede Kirsche nur ein einziges Ei: Sie hat im Prozess der Evolution offenbar „gelernt“, dass eine Kirsche immer nur eine einzige Made satt machen kann. Kirschen bestehen nämlich zu über 95 Prozent aus Wasser, erzählt der Biologie Prof. Roland Prinzinger von der Universität Frankfurt am Main: „Wenn wir den Zucker wegrechnen und die übrigen Kohlenhydrate wegrechnen, dann sind – wenn es viel ist – noch 0,6 bis 0,7 Prozent Eiweiße drin und 0,2 bis 0,3 Prozent Fett.“

Natürlich erinnert sich die Kirschfruchtfliege nicht daran, in welche Kirsche sie bereits ein Ei gelegt hat. Außerdem umschwirren unter Umständen Hunderte von legebereiten Kirschfruchtfliegen einen Kirschbaum. Ob eine Kirsche bereits „besetzt“ ist, erkennen die Konkurrentinnen an so genannten Pheromonen. Prof. Roland Prinzinger: „Das sind hormonähnliche Stoffe, die aber nicht im eigenen Körper wirksam sind, sondern vom Körper nach außen abgegeben werden und die dann auf andere Organismen einwirken; die Tiere können das irgendwie riechen oder in irgendeiner Weise schmecken. Wir Menschen können das nicht, das ist vielmehr in der Regel ein arteigener Geruch, der nur von der gleichen Art erkannt und auch nur von deren Angehörigen interpretiert werden kann.“

Für die Fruchtfliege auf der Suche nach einem geeigneten Eiablageplatz signalisieren solche Pheromone also: Stopp, die Kirsche ist schon belegt. (sie)

Warum zeigen uns viele Wappentiere die Zunge?

Kindern wird es meist schnell abgewöhnt: das Zungeherausstrecken. Ein Wappentier aber wird erst mit sichtbarer Zunge zum richtigen Wappenschmuck – weiß Michael Matthäus vom Stadtarchiv in Frankfurt am Main: „Zum einen symbolisieren diese Tiere Mut, Kraft, Schnelligkeit oder Weitsichtigkeit. Auf dem Schild eines Ritters abgebildet, sollten sie dem Gegner im Kampf oder im Turnier Furcht einflößen. Um diesen Eindruck noch zu verstärken, hat man diese Tiere mit geöffnetem Maul und herausgestreckter Zunge dargestellt – um sie noch grimmiger erscheinen zu lassen." Was manchmal so aussieht, als ob Löwe, Bär, Adler oder Drache würgen müssten, soll dem Tier also Respekt verschaffen.

Seit den Kreuzzügen trugen Ritter Wappen – auch, damit man sie auseinanderhalten konnte. Anfangs konnten sich Ritter und andere Adelige ihre Wappen noch nach Lust und Laune zusammenstellen. Im späten 13. Jahrhundert begannen auch die Freien Reichsstädte, sich Wappen zuzulegen. Michael Matthäus: „Später musste eine kaiserliche Genehmigung eingeholt werden, in der ganz genau – bis zum letzten Strich – festgelegt wurde, wie das Wappen auszusehen hatte. Wenn man sein Wappen ändern wollte, musste man das beantragen; gegen Zahlung einer Gebühr wurde das meistens genehmigt."

Noch heute kann man beispielsweise in der Hauptsatzung der Stadt Frankfurt am Main nachlesen, wie der Adler im Wappen aussehen muss: „Das Stadtwappen zeigt den weißen (silbernen), aufgerichteten, goldgekrönten und goldbewehrten Adler mit gespreizten Flügeln und Fängen, mit blauer Zunge und blauen Krallen auf dem roten Feld." Hier klingt übrigens ein weiterer Grund an für die herausgestreckte Zunge bei Wappentieren. Michael Matthäus: „Der zweite liegt in der farblichen Ausgestaltung der Wappen. Die Zunge wurde meistens in Rot gehalten und hat so das Wappen farblich etwas aufgelockert."

Abschreckend und doch schön sollten sie also sein, die herausgestreckten Zungen der Wappentiere. Und da der Frankfurter sich seit jeher für etwas Besonderes hält, ist bei ihnen die Adlerzunge blau, auf rotem Grund. (hof)

Seit wann gibt es Mikrowellen?

Die Mikrowelle ist eine Hinterlassenschaft des Zweiten Weltkriegs, ein Nebenprodukt der Radartechnik. Dr. Ulrich Kern vom Landesmuseum für Technik und Arbeit in Mannheim hat seine Doktorarbeit über die Geschichte des Radars geschrieben: „Ein ganz wesentliches Bauelement des Radars – man kann dort nur begrenzt mit normalen Elektronenröhren arbeiten – ist das so genannte Magnetron. Dieses Magnetron erlaubt es, mit recht kurzen Wellenlängen im Bereich von zehn Zentimetern zu arbeiten, also mit Mikrowellen.“

Angeblich sollen im Krieg die Techniker die Funktion eines Radargerätes überprüft haben, indem sie einen Finger in den Mikrowellenstrahl hielten: Wurde der Finger warm, war das Radargerät in Ordnung. 1946 ließ sich dann die US-amerikanische Firma Raytheon den Gebrauch von Mikrowellen zum Erhitzen von Lebensmitteln patentieren. Dr. Ulrich Kern: „1946 testete der Physiker Percy Spencer Magnetrons bei der Elektronik-Rüstungsfirma Raytheon. Bei einem Test stellte er fest, dass in seiner Tasche ein Schokoriegel geschmolzen war. Er wusste, dass Magnetrons Wärme erzeugen und experimentierte nun mit Mais: Nach kurzer Zeit hatte er Popcorn. Einen Tag später versuchte er das noch einmal mit rohen Eiern, die dann platzten.“

Der erste Prototyp eines Mikrowellenofens wurde in einem Restaurant in Boston erprobt, und bereits 1947 wurden die ersten kommerziellen Geräte für die Gastronomie angeboten: Sie kosteten 5.000 Dollar, wogen über 350 Kilo und benötigten einen Wasseranschluss, um das Magnetron mit Wasser zu kühlen. Dr. Ulrich Kern: „Die ersten Mikrowellenherde trugen die Bezeichnung ‘Radar Range’, also ‘Radar-Küchenherd’, wenn wir es frei übersetzen. So um 1950/52 hatten sie die Größe eines Standkühlschranks – mit einem Kochraum, der wesentlich kleiner war, als wir es von heutigen Geräten kennen.“

Schon 1952 kamen in den USA die ersten Mikrowellengeräte für Privatleute auf den Markt und wurden schnell populär; in Europa dauerte es bis in die 1970er-Jahre, bevor sie allgemein bekannt wurden. Heute steht eine Mikrowelle in fast 60 Prozent aller deutschen Haushalte. (utz)

Wo exerzierte die 5. Kolonne?

Wenn Verräter, also Leute aus den eigenen Reihen, mit dem militärischen oder politischen Gegner zusammenarbeiten, dann wird eine solche Gruppe oft als 5. Kolonne bezeichnet. Die Herkunft dieser Bezeichnung ist genau datiert, sagt Evelyn Knörr vom Duden Verlag; sie entstand, als spanische Militärs gegen die Republik putschten: „Der Begriff wurde im spanischen Bürgerkrieg, also erst im 20. Jahrhundert, von einem spanischen General geprägt, von Emilio Mola. Er soll gesagt haben, dass er vier Kolonnen von außen gegen Madrid führen werde – aber die fünfte Kolonne befinde sich bereits in der Stadt, also im Feindeslager, und sie werde dort mit dem Aufstand beginnen." 1936 war das.

Ernest Hemingway, der den spanischen Bürgerkrieg als Kriegsberichterstatter für die „North American Newspaper Alliance" miterlebte und in dieser Funktion gegen Franco und seinen General Emilio Mola agitierte, schrieb 1938 ein Theaterstück mit dem Titel „Die fünfte Kolonne" (im Original: „The Fifth Column"), das bei seiner Erstaufführung 1940 allerdings keinen Erfolg hatte. Gleichwohl trug es dazu bei, den Begriff 5. Kolonne als Bezeichnung für „willige Helfer, die mit dem Feind zusammenarbeiten", zu popularisieren.

In Deutschland produzierte das ZDF zwischen 1963 und 1968 eine 23 teilige Fernsehserie unter dem Reihentitel „Die fünfte Kolonne" für sein Hauptabendprogramm: die erste Spionageserie des deutschen Fernsehens. Dramatisiert wurden damals aufsehenerregende Kriminalfälle des Kalten Krieges; „Doku-Dramen" gab es also schon rund 40 Jahre eher als den heute hierfür üblichen Genre-Begriff. (ric/khw)

Wo ist der Nullpunkt der Erdoberfläche?

Bei Höhenangaben ist oft vom Nullpunkt der Erdoberfläche die Rede: Gemeint ist jene Stelle, an der sich im Durchschnitt die Oberfläche des Meeres befindet. Dr. Irene Marzolff vom Geographischen Institut der Universität Frankfurt am Main hat mit dieser Redeweise ein Problem: „Es gibt eigentlich keinen Nullpunkt, sondern es ist eine Nullfläche, auf die sich die Höhenmessungen beziehen. Und die Frage ist in der Tat nicht so ganz simpel, weil nämlich die Erde keine perfekte Kugel ist, sondern eine etwas unregelmäßig gewellte Fläche, die eher einem Ellipsoid ähnelt, eine 3-D-Ellipse sozusagen."

Einen absoluten Nullpunkt, der für die gesamte Erdkugel gültig wäre, gibt es also gar nicht: Denn weder ist die Erde eine gleichmäßig geformte Kugel, noch lassen die Wechsel von Ebbe und Flut es zu, einen solchen Punkt zweifelsfrei zu bestimmen. Aus diesem Grund hat jedes Land einen eigenen Nullpunkt bestimmt, an dem sich seine nationalen Höhenmessungen orientieren. Dr. Irene Marzolff: „Es gibt unterschiedliche mittlere Meereshöhen, je nachdem, an welchen Küsten Sie messen – durch die unterschiedlichen Gezeiteneinflüsse. Das ist auch der Grund, warum die meisten Länder als Höhenbezugsfläche ein eigenes System haben, einen eigenen Pegel – meistens den mittleren Wasserstand einer benachbarten Küste. In Deutschland ist es der Amsterdamer Pegel an der Nordsee: Dieser Pegel wird auch als 'Normalnull' bezeichnet. Das heißt: Die Höhenangaben, die Sie auf deutschen Karten lesen können, sind mit 'über NN' – über Normalnull – angegeben und beziehen sich auf diesen Amsterdamer Pegel." Die Höhenangaben der Schweiz orientieren sich hingegen an einem Pegel des Mittelmeeres. Daher können zu einem Alpengipfel unterschiedliche Höhenangaben existieren.

Mit dem World Geographic System von 1984 existiert heute aber auch ein international einheitliches Bezugssystem. Dieses System ist letztlich nichts anderes als ein mathematisch berechnetes – gleichsam idealisiertes – Modell der Erde. Alle Höhenangaben des US-amerikanischen Navigationssystems GPS beziehen sich auf diesen „errechneten Erdkörper". Er ermöglicht es, alle nationalen Höhen in Beziehung zueinander zu setzen, um sie auf diese Weise miteinander vergleichen zu können. (bse)

Warum ist Erde mal schwarz, mal gelb, mal rot?

Zum Beispiel die hessische Wetterau: Dort besteht der Boden aus Löss. Löss ist ein feiner Staub, der während der Eiszeit herangeweht wurde und in der Senke hinter dem Taunus liegen blieb, erläutert Peter Felix-Henningsen, Professor für Bodenkunde und Bodenerhaltung an der Universität Gießen: „Dieser Staub ist sehr feinkörnig und zunächst gelb. Aus diesem Staub haben sich sehr wertvolle Böden gebildet, die schon seit Jahrtausenden genutzt werden; schon in vorrömischer Zeit wurden diese Böden genutzt. Die Bodennutzung bedingt, dass die Landwirte organische Streustoffe an den Boden zurückführen; sie verwesen und bilden den Humus.“

Humus besteht aus abgestorbenen Pflanzenresten, und dieser Humus färbt den Boden dunkel, wie jeder weiß, der schon einmal einen Komposthaufen umgesetzt hat. Der Humusgehalt im Boden ist nicht besonders groß, nur etwa vier Prozent, aber das genügt, um dem Boden eine dunkle Farbe zu geben. Gräbt man aber etwas tiefer, wird der Boden auch in der Wetterau schnell gelb. Prof. Peter Felix-Henningsen: „Etwa 30 Zentimeter unter dem Pflughorizont. Nur im Pflughorizont wird ja organisches Material eingemischt, und das ist die Hauptzone, in der sich Humus zersetzt. Drunter haben wir den Unterboden, und der ist gelb oder braun gefärbt.“

Im Odenwald hingegen gibt es – geologisch gesehen – ganz unterschiedliche Gebiete, zum Beispiel auch Gebiete mit Sandstein: „Im Buntsandstein-Odenwald steht als Ausgangsgestein Buntsandstein an: 300 Millionen Jahre alt, eine Wüstenablagerung und daher primär rot-braun gefärbt.“ Wir kennen ihn von den Gründerzeit-Häusern, wo dieser Sandstein gern als Schmuckstein um Fenster und Türen und für Simse verwendet wird. Selbst dort, wo im Odenwald Landwirtschaft betrieben wird, reicht der Humusgehalt nicht aus, um den Boden dunkel zu färben. Der sandige Boden ist nämlich so gut durchlüftet, dass Humus schnell abgebaut wird und in Form von Kohlendioxid in der Luft verschwindet. Daher wird der rote Boden im Odenwald immer rot bleiben. Seine Farbe geht übrigens auf Eisen zurück. Prof. Peter Felix-Henningsen: „Das sind Eisenoxide, Fe_2O_3, das Mineral heißt Hämatit; rotes Eisenoxid ist typisch für den Buntsandstein – Rost, roter Rost.“ (utz)

Wie entsteht Magenknurren?

Es muss sich ja nicht gleich anhören wie Löwengebrüll, doch auch wenn es deutlich leiser ist: Vielen Menschen ist es unangenehm, wenn ihr Magen knurrt – vor allem in der Öffentlichkeit. Und das kommt so: Wenn man vier bis sechs Stunden nichts gegessen hat, dann ist der Magen zwar leer, doch das heißt nicht, dass er dann schläft. Prof. Wolfgang F. Caspary ist Arzt für Magen- und Darm-Krankheiten an der Universitätsklinik Frankfurt am Main: „Wenn man nüchtern ist, kommt es zu einer Eigenmotorik des Magens. Das heißt: Der Magen zieht sich zusammen. Man muss daran denken, dass der Magen ein Hohlorgan ist; er ist daher wie ein Resonanzboden, wie ein Cello. Und da nun Luft im Magen ist und auch Flüssigkeit, kommt es zu einer Verstärkung der Geräusche beim Zusammenziehen, über den Resonanzboden des Magens."

Soll heißen: Luft und Flüssigkeit werden im Magen durch einen Engpass gedrückt, die Magenwand gerät in Schwingung und hört sich dann ungefähr so an, wie es eben klingt beim Magenknurren – im Kino womöglich über mehrere Stuhlreihen hinweg. Und wer es vornehm formulieren möchte: Borborygmus heißt der medizinische Fachausdruck für Bauchgeräusche. Zu ihnen trägt aber auch der Darm bei. Prof. Wolfgang F. Caspary: „Der Darm macht natürlich auch verschiedene Geräusche, die von der Bewegung des Darmes abhängen. Und wenn man eine Darmlähmung hat, gibt's gar keine Darmgeräusche mehr. Da muss man sogar überlegen, ob der Patient operiert werden muss."

Bauchgeräusche sind also völlig normal; sie deuten lediglich an, dass unser Verdauungssystem funktioniert. Und gegen peinliches Magenknurren im Kino hilft umgehend ein beherzter Griff in die Popcorn-Tüte. (cbb)

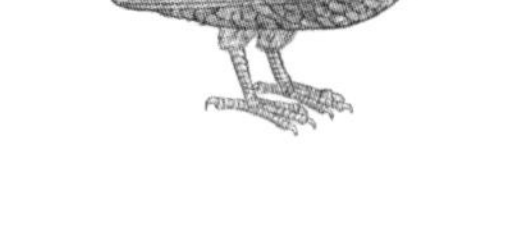

Seit wann gibt es in Deutschland Kfz-Kennzeichen?

Die Geschichte der Kfz-Kennzeichen reicht in eine Zeit zurück, als es noch gar keine Autos gab. Andreas Herzfeld muss es wissen, denn er hat ein dickes Buch über die Geschichte der Kfz-Kennzeichen geschrieben: „Die Kfz-Kennzeichnung hat sich aus den Fuhrwerken und aus den Droschken heraus entwickelt. Man hatte ja bereits Anfang des 19. Jahrhunderts 'Wegepolizeygesetze' in Kraft gesetzt, in denen sinngemäß stand, dass jede Kutsche ein Eigentümerschild tragen muss; worauf steht, wem diese Kutsche oder dieses Fuhrwerk gehört.“

Schon damals gab es nämlich das Problem, dass manche Fuhrwerke viel zu schnell fuhren. Es gab sogar schon tödliche Verkehrsunfälle, deshalb sollte der Kutschenfahrer zur Verantwortung gezogen werden können. Immer wenn ein neues Verkehrsmittel hinzu kam, wurde die Kennzeichenpflicht auf dieses neue Verkehrsmittel ausgedehnt: „Der erste Bundesstaat, der damals ein entsprechendes Gesetz eingeführt hat, war Baden. Zum 1.1.1896 mussten Fahrräder und Motorfahrräder eine Nummernplatte tragen, auf der der Amtsbezirk und eine entsprechende Nummerierung vermerkt war. Auf Kraftfahrzeuge war diese Verordnung damals nicht erweitert worden. Das machte Hessen 1900 als erster Bundesstaat.“

Andreas Herzfeld meint das Großherzogtum Hessen, das von Darmstadt aus regiert wurde. Auf den Kfz-Kennzeichen von Hessen-Darmstadt waren der Name und die Wohnanschrift vermerkt. Wenn ein Mensch mehrere Autos besaß, waren die Schilder auch noch nummeriert. Frankfurt sowie die Bereiche nördlich von Gießen gehörten damals hingegen zu Preußen – und in Preußen entstanden die ersten Kfz-Kennzeichen in unserem heutigen Sinn: „Die ersten Schilder von 1902 bis 1906 waren zweiteilig. Oben stand der Buchstabe, damals nur ein T für Hessen und unten die Erkennungsnummer. Alles schwarz geschrieben auf weißem Grund.“

In Preußen lebten damals zwei Drittel aller Deutschen – und das ist der Grund, warum unsere Kfz-Schilder noch heute diese Farbgebung haben, und nicht etwa weiße Schrift auf schwarzem Grund. Die gab es auch, nach 1948 – aber das wäre eine andere Geschichte. (utz)

Wie kam's zur „Ente“ in der Zeitung?

Mit Zeitungsenten kennt sich Anton-Andreas Guha aus. 35 Jahre lang war er Politikredakteur bei der Frankfurter Rundschau. Eine der bemerkenswertesten Zeitungsenten erschien allerdings schon vor seiner Zeit, 1948: „Wir haben voreilig den Gegenkandidaten des Harry S. Truman – er hieß Thomas E. Dewey – zum amerikanischen Präsidenten ausgerufen, dick über alle Spalten der Zeitung, eine Riesenschlagzeile, und das stellte sich dann als schreckliche Zeitungsente heraus.“ Denn US-Präsident wurde damals Harry S. Truman. Gleichermaßen sensationell wie falsch war auch eine Meldung der „Rundschau“ von 1952: Über dem hessischen Nachthimmel seien fliegende Untertassen gesichtet worden. Die spektakulärste „Ente“ der deutschen Pressegeschichte aber erschien 1983 im „Stern“: die angeblichen „Hitler-Tagebücher“ – von deren Folgen sich dieses illustr(iert)e Magazin bis heute nicht vollständig erholt hat.

Für den Begriff „Ente“ gibt es zwei gängige Erklärungen. Die erste geht zurück auf die französische Bezeichnung für den Schwimmvogel, le canard, der als ein unzuverlässiger Brüter gilt; 'canard' wurde daher zum Synonym für (anonyme) Flugblätter und Falschmeldungen. Aus Frankreich kommend habe sich der Begriff dann auch in Deutschland eingebürgert.

Die zweite Erklärung klingt pragmatischer: Zeitungsredakteure versahen früher Meldungen entweder mit dem Vermerk „testatum“: lateinisch für „bezeugt“ oder „bestätigt“. Wenn es sich aber es unsichere Informationen handelte, vermerkten sie: „non testatum“ – „nicht bezeugt“. Das Kürzel in diesem Fall war „n.t.“. Und so sprach man schnell von einer „n.t.-Meldung“ oder kurz von einer „NT“ – oder eben von einer „Ente“. In Deutschland tauchte der Begriff „Ente“ übrigens erstmals um 1850 auf. (ric)

Wann genau ist „vor dem Essen“?

Wann ein Medikament eingenommen werden muss, ob vor oder nach dem Essen, das hängt ganz entscheidend vom Wirkstoff des Arzneimittels ab. Manche Wirkstoffe beispielsweise vertragen sich nicht mit bestimmten Nahrungsmitteln, sagt der Arzneimittelexperte Prof. Walter Müller von der Universität Frankfurt am Main: „Das klassische Beispiel sind einige Antibiotika aus der Tetrazyklin-Gruppe, die mit Milch und mit Milchprodukten rasch so genannte Komplexe bilden und dann nicht mehr in den Organismus übertreten können.“ Wenn man diese Arzneimittel zum Beispiel zusammen mit Milch, Joghurt oder Frischkäse einnimmt, dann können sie nicht oder nur viel zu schwach wirksam werden. „Nüchtern einnehmen“ oder „nicht zu den Mahlzeiten“ steht in solchen Fällen auf dem Beipackzettel. Und das heißt: mindestens eine Stunde vor oder mehr als zwei Stunden nach dem Essen. Gelegentlich wird auch ausdrücklich davor gewarnt, ein Medikament gemeinsam mit bestimmten Lebensmitteln zu schlucken.

Medikamente hingegen, die durch die Magensäure an Wirksamkeit verlieren, müssen grundsätzlich vor dem Essen eingenommen werden: War das Essen nämlich allzu üppig, braucht unser Magen für den Verdauungsprozess ein bisschen länger. Die Magensäure nagt dann aber sozusagen auch am Arzneimittel es kann unwirksam werden. Steht also auf dem Beipackzettel ausdrücklich „vor dem Essen“, dann sollte man die Tablette mindestens eine halbe Stunde vorher mit reichlich Wasser (ein Viertelliter genügt) runterspülen; so landet das Arzneimittel schnell im Darm, und der ist hauptsächlich für die Wirkstoffaufnahme zuständig.

Glücklicherweise haben aber nicht alle Arzneimittel solch spezielle Wünsche an uns. Prof. Walter Müller: „Bei vielen Medikamenten ist es im Prinzip egal, ob sie vor oder nach dem Essen eingenommen werden. In diesem Fall kann man aber gleichwohl empfehlen, ein Medikament innerhalb einer Viertelstunde oder einer halben Stunde nach dem Essen einzunehmen, weil dann die Verträglichkeit im Magen und gegebenenfalls auch im Darm besser ist.“ (sie)

Wann kam das Weihnachtsfest zu seinem Datum?

„Der erste nachweisbare Termin ist der 25. Dezember 336 n. Chr. Damals wurde in Rom erstmals Weihnachten an diesem Datum gefeiert“: So lautet die Antwort von Prof. Roman Heiligenthal, er ist Theologe an der Universität Landau-Koblenz. Erst im Mittelalter ist dann in Europa die Tradition entstanden, die Nacht vom 24. auf den 25. Dezember als „Heilige Nacht“ zu feiern.

Dass der 25. Dezember das wirkliche Geburtsdatum von Jesus Christus ist, gilt als unwahrscheinlich – es gibt schlicht keine Überlieferung für ein konkretes Datum. Warum sich die Kirche aber rund 300 Jahre nach seiner Kreuzigung für den 25. Dezember als quasi-amtliches Geburtsdatum entschieden hat, dafür hat Dr. Roman Heiligenthal eine ganz einfache Erklärung: „Der 25.12. war in Rom traditionell das Geburtsfest des unbesiegten Sonnengottes. Die heidnischen Römer hatten also an diesem Tag einen hohen Festtag, und die Christen haben diesen Tag dann in Konkurrenz zum Heidentum besetzt.“ Der 25. Dezember war auch der traditionelle Feiertag für die Wintersonnenwende, und es gibt es einen weiteren Grund, warum der 25. Dezember als Geburtstag ausgewählt wurde: So ist der 25. März nach alter jüdischer Tradition der Tag, an dem Gott mit der Weltschöpfung begann – dieses Datum galt auch als der Tag, an dem Maria Jesus vom Heiligen Geist empfing. Neun Monate weitergerechnet, also am 25. Dezember, muss er demzufolge geboren worden sein.

So unaufklärbar wie das wirkliche Geburtsdatum ist auch das Geburtsjahr Jesu. Forscher wie Dr. Roman Heiligenthal verlassen sich daher auf das Wenige, was man aus der Bibel ableiten kann: „Wir wissen lediglich, dass er zur Regierungszeit des Herodes und des Kaiser Augustus geboren worden ist. Zieht man beides in Betracht, muss er vor 4 v. Chr. geboren worden sein, da Herodes 4 v. Chr. gestorben ist. Man kann es also nur indirekt rekonstruieren.“ (hof)

Wie viele PS hat ein Pferd?

Ein Rennwagen kann heute mehr als 800 Pferdestärken unter der Haube haben – wie der Ferrari, mit dem Michael Schumacher ein ums andere Mal Formel-1-Weltmeister wird. Doch wie viele PS hat ein Pferd?

Eine dumme Frage, denken Sie – ein Pferd habe natürlich genau ein PS? Doch ob das wirklich stimmt, haben vor einigen Jahren zwei US-Biologen überprüft – mit einem überraschenden Ergebnis. Und zwar gingen die beiden davon aus, dass jedes Kilogramm Muskelmasse maximal eine Leistung von 100 Watt schafft. Ein ausgewachsenes Pferd verfügt über 270 Kilogramm Muskelmasse, und von denen kann es 180 Kilo gleichzeitig einsetzen. Das Resultat: Ein Pferd vermag maximal 18.000 Watt zu leisten oder umgerechnet 24 PS. Das aber gilt nur für die Ferraris unter den Pferden – für muskelbepackte Rennpferde, die ihr Bestes geben, sprich, ihre maximale Leistung abrufen.

Betrachtet man hingegen den gewöhnlichen Ackergaul, so sieht die Sache anders aus. Seine Leistung ist deutlich geringer, aber genau auf seiner Leistung beruht die ursprüngliche Definition der Pferdestärke. Sie geht auf James Watt zurück, den Erfinder der Dampfmaschine. Um das Jahr 1775 war es, da vermarktete Watt seine ersten Maschinen, und damals war es außerordentlich naheliegend, dass der Kunde die Leistung einer Dampfmaschine mit der Leistung seiner Arbeitspferde vergleichen wollte.

Also rechnete Watt aus, welche Leistung ein Pferd über eine längere Zeitspanne vollbringt: Erfahrungsgemäß kann es den ganzen Tag lang ein Mühlrad etwa zweieinhalb Mal pro Minute drehen. Die Zugkraft setzte der Erfinder mit 180 Pfund an, was dann eine Leistung von einem PS ergibt. Lange Zeit variierte das genaue Maß für ein PS in den verschiedenen Ländern. Erst um 1900 einigte man sich auf einen internationalen Standard. Seitdem ist ein PS genau die Leistung, die man vollbringt, wenn man 75 Kilogramm in einer Sekunde einen Meter hoch hebt. Zwar ist das PS mittlerweile durch das Kilowatt ersetzt – 1 PS entspricht 0,736 Kilowatt; das aber stört die Formel-1-Fans nur wenig, wenn sie mit leuchtenden Augen von den PS der Rennwagen sprechen. (fg)

Können Skorpione Geräusche machen?

Skorpione gehören zu den Spinnentieren, und die Spinnen sind allesamt nicht gerade dafür bekannt, dass sie besonders kommunikationsfreudig sind. Aber auch Skorpione können Geräusche machen: und zwar vor allem dann, wenn sie sich bedroht wähnen. Genauer: Skorpione machen Geräusche, wenn sie Feinde abwehren wollen; also nicht, um sich mit anderen Skorpionen zu unterhalten, sondern nur als Drohung. Das klingt dann wie ein leises Zischen und Brummen.

Diese Geräusche machen sie nicht mit ihrem Spinnenmaul, sondern zum Beispiel mit ihren Füßen. Wenn sie sich bedroht fühlen, strecken sie ihre großen Scheren nach links und nach rechts (dadurch sehen sie sofort viel größer aus), schreiten gleichzeitig rasch auf den Angreifer zu und reiben die vordersten Beine aneinander, wodurch das Brummen entsteht. Dieses Brummen empfinden auch wir spontan als aggressiv, auch wir würden rasch unsere Finger zurückziehen, wenn wir nicht ohnehin schon Angst vor dem Giftstachel der Skorpione hätten. Einige Skorpione erzeugen Geräusche übrigens dadurch, dass sie ihren Stachel, der ja hinten am Schwanz sitzt, nach vorne gegen den Angreifer richten und drohend über ihrem Rücken hin und her bewegen, was gleichfalls ein hörbares Kratzen erzeugt. Und ein paar südamerikanische Skorpione haben besondere Reibeflächen am Bauch.

Es gibt ungefähr übrigens 1.800 bekannte Arten von Skorpionen, aber nur 20 bis 30 von ihnen sind für uns Menschen wirklich gefährlich. Und die wiederum leben alle in Mittelamerika und in Südamerika: Dort muss man wirklich vor diesen Spinnentieren auf der Hut sein. Andernorts ist ein Stich vom Skorpion am ehesten vergleichbar mit einem Wespenstich – er tut uns höllisch weh, bringt uns aber normalerweise nicht um. (khw)

Was ist schwarz am Schwarzen Meer?

Das Schwarze Meer liegt im äußersten Südosten Europas, an der Nahtstelle zu Asien. Anrainerstaaten sind Bulgarien, Georgien, Rumänien, Russland, die Ukraine und die Türkei. Für den Seeverkehr zwischen diesen Gebieten hat das Meer von jeher eine große Bedeutung. Und in der Seefahrt liegt auch der Ursprung des Namens „Schwarzes Meer“, erklärt Jörg Stadelbauer. Er ist Professor für Kulturgeographie an der Universität Freiburg: „So wie im Deutschen der Name heute üblich ist, ist es eine wörtliche Übersetzung aus dem Türkischen. ‘Karadeniz’ ist die türkische Bezeichnung für dieses Meer. Der Name rührt daher, dass ‘schwarz’ gleichbedeutend auch mit ‘ungünstig’ ist. Es ist ein Meer, das für Seefahrer ungünstig sein kann, weil sich plötzlich sehr heftige Winde über der Wasserfläche entwickeln, die Schiffe in Seenot bringen können.“

Im Unterschied zum Schwarzen Meer hat das lang gestreckte Rote Meer (ein Nebenmeer des Indischen Ozeans) seinen Namen tatsächlich von der Farbe Rot, sagt Jörg Stadelbauer. „Normalerweise ist das Rote Meer tiefblau, so kennen wir es auch von vielen Bildern. Aber in gewissen Zeitabständen taucht ein Cyanobakterium (veraltete Bezeichnung: Blaualge) auf mit dem schönen Namen Trichodesmium erythraeum.“ Das ist ein Bakterium, das Photosynthese betreiben kann und daher ähnliche rote Hilfspigmente enthält, wie sie auch in unseren heimischen Grünpflanzen vorhanden sind, dort aber meist nur im Herbst sichtbar werden, wenn der grüne Farbstoff bereits abgebaut ist. Trichodesmium erythraeum breitet sich nun gelegentlich an der Oberfläche des Meeres aus und erzeugt dann die auffällige Färbung, die aber auch wieder verschwindet. Der deutsche Naturforscher Ernst Haeckel berichtete beispielsweise in seinen Malayischen Reisebriefen: „Auf der Rückreise sah ich so (am 10. März 1901) das Meer in der Malakka-Straße auf weite Strecken hin roth gefärbt.“

„Erythraeum“ ist das altgriechische Wort für Rot. Wen das an den afrikanischen Staat Eritrea erinnert, der liegt völlig richtig. Denn Eritrea, das sich 1993 von Äthiopien abspaltete, verfügt nicht nur über eine lange Küste am Roten Meer, sondern hat sich auch nach diesem benannt. (fe)

Seit wann gibt es Konservendosen?

An der Einführung der Konservendose ist letztlich Napoleon schuld: Noch nie hatte man in Europa derart riesige Armeen gesehen wie unter Napoleon, am Beginn des 19. Jahrhunderts. Mit der traditionellen Methode des Plünderns ließen sich solche Armeen nicht mehr verpflegen, weiß Hans-Georg Böcher, der das Deutsche Verpackungsmuseum in Heidelberg leitet: „Napoleon schreibt aufgrund seiner militärstrategischen Überlegungen einen Preis von 12.000 Goldfranken aus. Er postuliert sozusagen aus einer militärstrategischen Sicht, dass er über eine Methode zur Lebensmittelaufspeicherung verfügen will. Wie diese Methode gefunden wird, ist ihm gleichgültig. Er beschreibt nur das Ergebnis: Lebensmittelaufspeicherung."

Die Konservendose gab es bereits, und zwar in England: In ihr wurde Tabak aufbewahrt. Zur gleichen Zeit hatte der französische Zuckerbäcker Nicolas Appert die Hitzesterilisation entwickelt; er füllte seine Lebensmittel allerdings zunächst in Glasflaschen ab. Später kombinierte er die Dose mit seiner Methode der Hitzesterilisation: Die Konservendose für Lebensmittel war erfunden. Dosenöffner gab es allerdings noch keine. Hans-Georg Böcher: „Es gibt spöttische Stimmen, die sagen, die französischen Soldaten hatten die Bajonette auf ihren Gewehren nicht, um im Nahkampf gut dazustehen, sondern um die furchtbar schwer aufzubekommenden Konservendosen zu öffnen."

Im Deutschen Verpackungsmuseum in Heidelberg steht eine der ganz frühen Konservendosen; sie sieht aus wie eine Schuhschachtel aus Blech. Ihr Deckel ist festgelötet: „Das waren Lötverbindungen, die sich mit Hitze, mit einem Bügeleisen hätten aufmachen lassen. Aber wenn man sich die Situation an der Front und in den Militärlagern vorstellt: So viele Hemden haben die Soldaten nicht gebügelt. Die haben mit roher Gewalt versucht, den Inhalt irgendwie herauszubekommen."

Die Konservendosen waren so praktisch, dass sie sich vor allem für wertvolle Gemüse auch im Zivilleben durchsetzten. Dort waren sie eindeutig zum Wiederverwenden gedacht, denn die geöffnete Lötverbindung ließ sich wieder zulöten. Man brachte die leere Dose also zurück zum Händler und ließ sie neu befüllen. Am Anfang stand also das Prinzip Recycling; wer hätte das gedacht? (utz)

Können Ohren und Nase im Alter noch wachsen?

So, wie der Professor Unrath an seiner Liebe über die Grenzen hinweg zerbricht, die ihm das Leben und die Gesellschaft gesetzt haben, so mag dessen Nachfahren die Sorge beschleichen, an jenem Gerücht könne etwas Wahres dran sein: dass nämlich im Alter Ohren und Nasen sich noch einmal zum Wachsen anschicken könnten. Pinocchio lässt grüßen...

Nun hat Pinocchio zwar eine lange Nase und Lügen haben kurze Beine, aber die Ohren werden gewiss nicht größer, wenn man die des Lügners lang zieht – doch auch bei Menschen, die schon längst aus dem Wachstumsalter heraus sind, können Nase oder Ohren tatsächlich noch größer werden; genauer gesagt: Es kann der Eindruck entstehen, dass sie größer werden. Prof. Wolfgang Schlenter ist Leiter der Hals-Nasen-Ohren-Klinik im Frankfurter Marien-Krankenhaus und erklärt das Phänomen: „Wachsen kann man das nicht nennen, aber die Proportionen des Gesichts verändern sich. Wenn man die Nase allein betrachtet, wird das knöcherne und knorpelige Gerüst genau gleich bleiben. Wenn im Alter jedoch die Muskulatur zurückgeht, tritt das knorpelige und knöcherne Gerüst der Nase stärker hervor – und damit wird die Nase höher, und die Nase wird auch länger; das mag gut ein oder zwei Zentimeter im Verhältnis betragen."

Weniger Muskelmasse und weniger Unterhaut-Fett lassen Nase und Ohren also deutlicher hervortreten und im Verhältnis zum übrigen Kopf größer erscheinen: „Normalerweise würde man sagen, dass das Mitte der 70er-Jahre anfängt, das kommt aber immer auf den Zustand der Person an."

Medizinisch kann man kaum etwas dagegen unternehmen, und Wolfgang Schlenter hält es in der Regel auch für unnötig: „Ich würde den Patienten raten, nichts dagegen zu unternehmen; das sind altersbedingte Veränderungen, die man ertragen muss wie das Altern der Haut." (hof)

Warum liegt Indien 4 1/2 Stunden vor unserer Zeit?

1884 einigte sich die Internationale Meridiankonferenz darauf, die Erde in 24 Zeitzonen aufzuteilen, und zwar mit folgender Begründung: Der Globus ist bekanntlich in 360 Längengrade aufgeteilt, und die Erde dreht sich in 24 Stunden einmal um sich selbst. Anders gesagt: Die Drehung beträgt 360 Längengrade pro 24 Stunden, also 15 Längengrade pro Stunde.

Von der Erde aus bemerkt man diese Erddrehung aber nicht; für uns Erdgebundene erscheint es so, als ob die Sonne gewissermaßen 15 Längengrade in einer Stunde zurücklegt. Das bedeutet: Vergleicht man Frankfurt am Main mit einem Ort, der 15 Grad östlich liegt (zum Beispiel mit Helsinki), dann geht dort die Sonne eine Stunde eher auf als in Frankfurt. Genau deshalb liegt Helsinki in einer anderen Zeitzone als Frankfurt, für Helsinki gilt „Mitteleuropäische Zeit (MEZ) plus eine Stunde". Bewegt man sich 15 Grad nach Westen, nach Lissabon, geht dort die Sonne eine Stunde später auf. Deshalb gilt in Lissabon die Greenwich Mean Time, also „MEZ minus eine Stunde".

Und nun zu Indien: Das Land hat eine Milliarde Einwohner, 400 Sprachen, ein Dutzend Religionen und ist ein wirklich großes Land; von der Nordspitze zur Südspitze sind es 2.800 Kilometer, von der Ostgrenze zur Westgrenze 2.500 Kilometer. 2.500 km: das entspricht in Europa grob gesagt der Distanz Paris–Moskau. Über diese Entfernung hinweg kommt man mit einer einzigen Zeitzone eigentlich gar nicht aus: Indien ist so groß, dass es sich – wie auch Mexiko und Brasilien – genau genommen über zwei Zeitzonen erstreckt. Im Westen Indiens müsste eigentlich MEZ plus vier Stunden gelten, im Osten MEZ plus fünf Stunden.

Nun wünschte sich die politische Führung Indiens aber eine einheitliche Zeit fürs Land, also wählten sie als Kompromiss die mittlere Zeit zwischen beiden Zonen: MEZ plus 4,5 Stunden. Und damit nicht genug: Reist man von Indien nach Nepal, das geographisch in der gleichen Zeitzone liegt, muss man seine Uhr noch einmal um 15 Minuten vorstellen. Das stolze Himalaja-Volk will damit seine Eigenständigkeit gegenüber dem mächtigen Nachbarn demonstrieren. (fg)

Wer hat die Sternbilder erfunden?

Rein wissenschaftlich betrachtet ist die Antwort ganz einfach: Im Jahr 1930 hat die Internationale Astronomische Union die Sternbilder ein für allemal festgelegt. Seitdem leuchten am Himmel 88 Sternbilder, von A wie Andromeda bis Z wie Zwillinge*. Streng unterteilt nach ihrer Leuchtkraft und nach ihrer Lage am Firmament.

Aber das ist nur die halbe Wahrheit, sagt Prof. Bruno Deiss, der Direktor des Physikalischen Vereins Frankfurt: „Wenn wir von den Sternbildern sprechen, dann meinen wir diejenigen, die wir heute in unserem Kulturkreis kennen; und die gehen auf die alten Griechen zurück, die sie vermutlich bei den Babyloniern abgeschrieben haben. Wenn wir zu den Chinesen gehen, dann bekommen wir ganz andere Sternbilder. Wenn wir zu den Nordamerikanern gehen, bekommen wir wieder ganz andere Sternbilder. 'Die' Sternbilder gibt es gar nicht; wenn wir von 'den' Sternbildern sprechen, dann meinen wir im Wesentlichen die griechischen."

Unsere Sternbilder und ihre Namen entstammen daher auch vor allem der griechischen Mythologie, aus einer Seifenoper aus Liebe, himmlischem Sex und Eifersucht. Besonders Göttervater Zeus galt als arger Schwerenöter, seine amourösen Abenteuer verewigten die Griechen am liebsten in den Sternbildern. Ein Beispiel: Der Große Bär, das wohl bekannteste Sternbild des Nordhimmels. Dessen Name entstand so: Zeus war wieder einmal fremdgegangen, diesmal mit der Nymphe Kallistó. Zeus' Gattin Hera raste vor Eifersucht und verwandelte die Nebenbuhlerin in eine Bärin; Zeus platzierte sie hernach im Himmel, als Sternbild.

Soviel Sex & Crime am Firmament: Das wollten nicht alle Völker mitmachen. Die Amerikaner nennen den Großen Wagen (also die hellsten Sterne im Großen Bären) lieber „Big Dipper", „Große Pfanne". Auch die Franzosen lieben es kulinarisch, sie nennen ihn „la grande casserole", also „große Bratpfanne". Und die Römer sprachen von „Sieben Dreschochsen", wenn sie den Großen Wagen meinten. (hüt)

* Zugegeben: Das ist geschummelt, denn in der wissenschaftlichen Terminologie heißt das Sternbild „Zwillinge" ja „Gemini", und das alphabetisch letzte Sternbild ist dann „Vulpecula", das „Füchslein".

Können Vögel husten?

Wenn wir Menschen husten müssen, dann liegt das ja normalerweise daran, dass in der Luftröhre etwas festsitzt, was dort nicht hingehört: eingeatmete Brotkrümel zum Beispiel oder schlichtweg Schleim. Um diese unerwünschten Dinge hinauszubefördern, reagiert der Körper mit einem Hustenanfall – reflexartig. Verantwortlich hierfür ist das Zwerchfell; das ist ein flächiger, kuppelförmiger Muskel, der – wie eine Membran – die Brusthöhle von der Bauchhöhle trennt.

Beim Husten arbeiten mehrere Organe zusammen: Zunächst füllen sich die Lungen durch plötzliches Absenken des Zwerchfells mit Luft. Unmittelbar danach schließen sich oben im Kehlkopf die beiden Stimmlippen und verschließen so die Luftröhre; der Weg der Luft von der Lunge nach oben zum Mund ist also versperrt. Wölbt sich nun das Zwerchfell wieder nach oben, dann erzeugt es einen Überdruck in den Lungenflügeln. Die komprimierte Luft kann aber erst entweichen, wenn sich die Stimmlippen ruckartig wieder öffnen: Der Mensch hustet Luft aus – und die Brotkrümel oder den Schleim gleich mit.

Bei Vögeln ist das hingegen völlig anders, erläutert Prof. Erhard Kaleta, der Direktor der Klinik für Vögel, Reptilien, Amphibien und Fische an der Universität Gießen: „Ein Vogel hat kein Zwerchfell, deshalb kann ein Vogel nicht husten. Das Zwerchfell ist eine stammesgeschichtliche Neuentwicklung, die es nur bei den sehr hochstehenden Säugetieren gibt.“ Vögel und Reptilien haben dieses Organ noch nicht, und wo kein Zwerchfell, da kein Husten. Aber auch Vögel haben gelegentlich eine verunreinigte Luftröhre: Sie ziehen dann ihre Bauchwand ruckartig zusammen. Auch beim Menschen sind ja bekanntlich diverse Muskeln, die Bauchraum und Brustkorb zusammenpressen, am Husten mitbeteiligt; aber das kostet viel Kraft, wie man am Muskelkater nach einer schweren Erkältung unschwer nachvollziehen kann – und diese Muskeln alleine bewirken allenfalls ein schwaches Röcheln. Prof. Erhard Kaleta: „Der Druck der Bauchdecke ist eher gering, so dass Staubpartikel oder Schleim bei einer Luftröhrenentzündung mit der Bauchdecke nicht hinauszutreiben sind. Die Hilfe, die der Vogel hat, sind auf der Oberfläche der Luftröhre befindliche kleine Härchen, die eine Flimmerbewegung machen, Richtung Schnabelhöhle. Damit können auch kleinere Teile aus der Luftröhre herausbefördert werden.“ (cbb)

Ist Meersalz gesünder als anderes Salz?

Ungefähr acht Gramm Salz verzehrt jeder Deutsche täglich. Das meiste davon ist so genanntes Steinsalz, also Salz, das in Stollen unter Tage abgebaut wurde. Meersalz hingegen wird durch Verdunstung von Meerwasser in speziellen Becken hergestellt, oder es entsteht als Nebenprodukt beim Gewinnen von Trinkwasser aus Meerwasser. Stofflich unterscheiden sich die beiden Salzsorten nur wenig, sagt die Ernährungswissenschafterin Ulrike Gonder: „Das Steinsalz besteht fast zu 100 Prozent aus Natriumchlorid, während im Meersalz sehr geringe Mengen weiterer Mineralien enthalten sind: Kalium, Magnesium, Kalzium, aber es sind eben bloß Spuren." Manche Menschen empfinden allerdings den Geschmack von Meersalz als intensiver. Das liegt daran, dass die Kristalle des Meersalzes sich auf der Zunge schneller auflösen als die Kristalle des Steinsalzes.

Die Ähnlichkeit der beiden Sorten hat zwei Gründe. Erstens stammt Steinsalz ursprünglich gleichfalls aus dem Meer. Die Salzvorkommen in Europa entstanden, als vor 100 bis 200 Millionen Jahren urzeitliche Ozeane verdunsteten. Das Salz wurde später von Erd- und Gesteinsschichten überlagert, so dass es heute untertage liegt. Und zweitens schreibt das Lebensmittelrecht vor, dass Speisesalz, egal welcher Herkunft, mindestens 97,5 Prozent Natriumchlorid enthalten muss. Der kleine Rest anderer Mineralien beim Meersalz bringe keine Vorteile, meint Ulrike Gonder: „Die anderen Mineralstoffe sind in so geringen Mengen enthalten, dass sie zur Bedarfsdeckung nichts beitragen, weil wir ja relativ wenig Salz essen, wenige Gramm am Tag. Den Hauptanteil unserer Mineralstoffe bekommen wir über die feste Nahrung. Meersalz bringt daher keinen gesundheitlichen Vorteil."

Das gilt übrigens auch für das neuerdings im Handel erhältliche so genannte Himalaja-Salz: Auch das ist gewöhnliches Steinsalz. Kritiker – wie z. B. der Evangelische Entwicklungsdienst – weisen überdies darauf hin, dass es im Himalaja gar keine Salzbergwerke gibt. Das Himalaja-Salz werde in Pakistan abgebaut, weit entfernt von den gewaltigen Gipfeln des Himalaja. (fe)

Wie kamen die Sachsen zu einer „Schweiz“?

Viele Landschaften in Mitteleuropa schmücken sich mit fremden Federn: Sie bezeichnen sich als Schweiz, obwohl sie gar nicht in der Schweiz liegen. Ausgangspunkt für diesen Etikettenschwindel war im 18. und 19. Jahrhundert die Begeisterung für die abwechslungsreichen Landschaften der Schweiz. Auch durch Goethes Reisen gelangte die Schönheit der Schweiz ins allgemeine Bewusstsein.

Besonders für Engländer war es damals sehr attraktiv, dorthin zu reisen, berichtet Ernst Erich Metzner; er ist Germanistikprofessor an der Universität Frankfurt am Main: „Die Engländer haben die Schweiz als Touristenziel ‘entdeckt’, sie sind auf dem Rhein bis zur Schweiz gereist. Die Rheinfahrt, die Rheinromantik, das alles ist damals ‘entdeckt’ worden. Dann haben sie entdeckt, dass es ähnliche Landschaften wie am Rhein auch in Sachsen gibt, und sie haben alles, wo sie hingekommen sind, wo es ein bisschen bizarr und romantisch war – zum Beispiel Felsen, aber auch Burgen – als ‘Schweiz’ bezeichnet: die Sächsische Schweiz, die andere Schweiz, die dritte Schweiz. Wir Deutsche haben das dann nachgeahmt.“ Man kam also beeindruckt nach Hause, übertrug in der Begeisterung den Namen Schweiz auf landschaftlich schöne Gebiete der Heimat, und so wurde die Schweiz zum Inbegriff des landschaftlich Schönen.

Bei der Benennung von Landschaften als „Schweiz“ waren also nicht die hohen Berge oder die Gletscher ausschlaggebend; es genügten besonders pittoreske Landschaftselemente: Wasserfälle, bizarre Felsformationen oder eine Gruppe von Seen. Auch die Fremdenverkehrsbranche warb und wirbt noch heute mit dieser Namensübertragung, u.a. für die Mecklenburgische und für die Rheinhessische Schweiz. Neben einer sibirischen und einer afrikanischen Schweiz gibt es aber zum Beispiel auch die relativ kleine Flörsheimer Schweiz am Untermain, die Prof. Ernst Erich Metzner gut kennt: „Aus dem Taunus kommt ein Bach, der Wickerbach, Weinberge, eine Warte, Mühlen, rundherum sind Felder und Äcker, und so sagt man: Flörsheimer Schweiz. (gr)

Wie sparsam ist ein Automatikgetriebe?

In einem Auto mit Handschaltung, das lernt bereits der Fahrschüler, muss man fleißig die Gänge wechseln, sonst steigt der Benzindurst: 2.000 bis 3.000 Umdrehungen, so der Rat vom Experten, sollten dabei möglichst nicht überschritten werden. Sitzt man aber in einem Wagen mit Automatikschaltung, dann entfällt das Schalten; die automatische Gangauswahl legt immer den optimalen Gang ein, und das heißt in der Regel auch: den sparsamsten. Das führt zu einem überraschenden Ergebnis, wie Gernot Becker erklärt, der bei Opel zuständig ist für die Getriebeentwicklung: „Mit zunehmender Motorisierung, mit größerer Leistung wird es so sein, dass Automatikgetriebe sogar besser sind als Handschaltgetriebe. Wenn man sich den Normverbrauch oder auch den Kundenverbrauch anschaut, ist es deutliche Tendenz, dass Automatikgetriebe besser abschneiden als Handschaltgetriebe."

Wie gesagt: Das gilt für größere Wagen, die prinzipiell recht viel Kraftstoff verbrauchen. Bei kleineren Autos ist es genau umgekehrt, denn die Standard-Automatikgetriebe haben einen Nachteil: Sie arbeiten mit einer Ölpumpe, und die verbraucht ebenfalls Benzin. Bei Kleinwagen mit ihrem insgesamt niedrigen Spritverbrauch fällt dieser Zusatzverbrauch dann durchaus ins Gewicht. Gernot Becker: „Da muss man dem etwas schlechteren Wirkungsgrad der Getriebe aufgrund der Ölpumpe und des Getriebeumwandlers in der Form Tribut zollen, dass der Verbrauch um bis zu fünf Prozent höher sein wird als bei Handschaltgetrieben."

Und dies vollkommen unabhängig von der Fahrweise. Bleibt als Fazit: Automatikgetriebe fördern eine sparsame Fahrweise, verbrauchen aber selbst ein wenig Benzin, um zu funktionieren – und das macht sie in Kleinwagen eher unrentabel. Und wenn man allzu kräftig aufs Gas tritt, kann von Spritsparen natürlich erst recht keine Rede sein, egal ob beim Automatik- oder beim Schaltgetriebe. (hüt)

Warum tanzt das Wasser auf der heißen Herdplatte?

Ein wenig Wasser auf die Herdplatte geschüttet, und schon zischt es, aber sofort entstehen Tropfen, und die tanzen auf dem Herd hin und her wie Knallfrösche zu Silvester, statt sofort zu verdampfen. Den Grund dafür kennt Werner Schneider, er ist Physikprofessor an der Universität Erlangen: „Die fangen an zu tanzen, weil sich zwischen der Wasserblase und der heißen Herdplatte eine Schicht Wasserdampf bildet."

Ein kleiner Teil des Tropfens verdunstet also sofort, so wie man es erwartet. Doch dann kann der Wasserdampf nicht nach oben entweichen, sondern bleibt zwischen „Wasserblase" (wie der Fachmann sagt; der Laie darf aber gern auch „Tropfen" dazu sagen) und Herdplatte gefangen: Dabei wirkt der Tropfen wie ein Luftkissen. Und ähnlich wie ein Luftkissenboot früher zwischen Dover und Calais über den Ärmelkanal gebraust ist, kann der Tropfen auf seinem Wasserdampfkissen ein wildes Tänzchen vollführen: „Dass die Blase ziemlich lange tanzen kann, liegt daran, dass der Wasserdampf ein ganz schlechter Wärmeleiter ist."

Das Dampfkissen transportiert die Hitze der Herdplatte also nur langsam nach oben, in Richtung Tropfen. Wenn man so will, schirmt sich der Tropfen durch das Wasserdampfkissen gegen die Hitze ab. Irgendwann aber zerplatzt der Tropfen dann doch. Prof. Werner Schneider: „Das ist dann erreicht, wenn trotz der schlechten Wärmeleitung das Wasser so heiß geworden ist, dass es zur Dampfbildung kommt. Dann zerplatzen die Tropfen." (fg)

Warum treiben gefällte Buchen wieder aus, nicht aber Fichten?

Jeder kennt das Phänomen: Wird ein Laubbaum abgesägt, treiben innerhalb relativ kurzer Zeit zahlreiche neue Triebe aus. Was zunächst ein unansehnlicher Baumstumpf war, ist dann bald wieder ein Quell üppigen Grüns. Ganz anders hingegen ist dies bei Nadelbäumen: Sägt man eine Fichte etwa einen Meter über dem Boden ab, so bleibt es auch nach Monaten bei einem traurig aussehenden Baumstumpf. Doch dies ist keine allgemeingültige Regel, erklärt Prof. Lutz Nover; er ist Hochschullehrer für Botanik an der Universität Frankfurt am Main: „Das gilt nicht zu hundert Prozent. Wir haben Nadelbäume, wie z. B. die Eibe oder auch den Buchsbaum, die ähnliche Eigenschaften haben wie die Laubbäume. Der Unterschied liegt darin, dass bei unseren klassischen Nadelbäumen – also bei der Fichte, der Kiefer und auch bei der Tanne – sehr viel weniger Reserve-Knospen angelegt werden als bei Laubbäumen. Die Laubbäume, die in der Evolution später entstanden sind, haben Mechanismen entwickelt, um eine möglichst hohe Variabilität in der Form und in der Anpassung an die natürliche Umgebung zu erreichen."

Entscheidend dafür, ob ein Nadelbaum eine neue Krone ausbilden kann, ist die Höhe, auf der er abgesägt wird: „Wenn ich einen Nadelbaum ein, zwei Meter über den letzten noch lebenden Ästen absäge, dann sieht er für ein, zwei Jahre furchtbar aus – überall können wir das beobachten –, doch dann bildet er Nebenkronen aus, die Äste selbst werden dann zu Nebenkronen."

Ganz anders hingegen ist die Situation, wenn eine Tanne oder eine Fichte sehr weit unten abgesägt wird, erklärt Professor Lutz Nover: „Wenn ich solch einen Baum unter der letzten noch lebenden Zweigebene abschneide, dann ist dieser Stamm tot, und nur in ganz seltenen Ausnahmefällen können sich noch schlafende Knospen reaktivieren. Bei einem Laubbaum ist das völlig anders, da können sich jederzeit aus dem unteren Stammbereich – auch ohne Anwesenheit irgendwelcher Zweige – so genannte schlafende Augen reaktivieren und dann entsprechenden Auswuchs bilden. Bei den Nadelbäumen ist die Zahl der Nebenknospen außerordentlich beschränkt, sie ist viel geringer als bei den Laubbäumen. Das ist der entscheidende Unterschied." (bse)

Ist Bleikristall ungesund?

Auch nach hundert Jahren funkeln Lüster, Karaffen und Gläser aus Bleikristall noch in ihren ursprünglichen Farben. Diese Lichtechtheit und die funkelnde Lichtbrechung machen das Bleikristall so besonders. Bewirkt werden diese Eigenschaften durch eine Beimischung von 24 Prozent Bleioxyd zum Glas. Das Blei ist im Glas chemisch gebunden, und die Fertigung unterliegt hierzulande strengen DIN-Normen: Sogar der Bleianteil im Schliffabfall wird regelmäßig überprüft, sagt Siegbert Schöler; er ist Geschäftsführer des gleichnamigen Bleikristallwerkes im Fichtelgebirge und verbürgt sich für die Ungefährlichkeit des funkelnden Kristalls: „Es gab einmal eine Kampagne, die hatte ein amerikanischer Professor in die Welt gebracht. Dann haben auch verschiedene Glasfirmen das Bleikristall untersuchen lassen, und dabei kam heraus, dass es nicht gefährlich ist. Nur wenn man 10 oder 15 Jahre lang ein Getränk drin stehen ließe, also Sherry oder Wein, dann kann es sein, dass eine geringe Menge Blei abgegeben wird, aber ansonsten nicht."

Auch das Römische Reich ist nicht am Blei zugrunde gegangen, wie es manchmal heißt – sein Niedergang hatte viele Stationen: Da war im vierten Jahrhundert nach Christus der Beginn der großen europäischen Völkerwanderung, dann die Eroberung Roms durch die Westgoten und schließlich im Jahr 476 die Ermordung des letzten römischen Kaisers Romulus Augustus. Gründe für den Niedergang gab es viele: Misswirtschaft, Geldentwertung und damit die fehlende Entlohnung des riesigen Heeres, putschende Militärs und eben auch das Eindringen fremder Völker, sagt die Geschichtsprofessorin Beate Wagner-Hasel von der Universität Hannover: „Es hat wohl Bleivergiftungen gegeben, weil Wasser aus Bleirohren getrunken wurde. Und diese Bleirohre waren (das wusste man auch schon in der Antike) keinesfalls gesundheitsfördernd. Aber auf keinen Fall ist das Römische Reich an Bleivergiftung untergegangen. Grundsätzlich sterben an Blei nur Menschen, aber keine politischen Reiche." (sie)

Woher stammen die Ölgötzen?

Da hat man nun endlich einmal etwas wirklich Wichtiges zu sagen; etwas, das man schon so lange loswerden wollte, sagen wir: den Heiratsantrag bei der Partnerin. Und wie reagiert sie? Gar nicht! Sie steht stumm da, ohne jede Regung – eben wie ein Ölgötze. Evelyn Knörr vom Duden Verlag kann erklären, woher dieser Begriff stammt: „Dastehen wie ein Ölgötze, im Sinne von 'völlig regungslos dastehen', das kommt von 'Ölberggötze'. Es ist also eine verkürzte Form, und gemeint sind die schlafenden Jünger auf dem Ölberg. Und 'Götze' meint einen Abgott – was wir auch in dem Wort 'Götzenbild' haben.“

Ölgötze ist also eine volkstümliche Bezeichnung für die häufig auf Gemälden dargestellten, schlafenden Jünger Jesu auf dem Ölberg. Ihr Abbild wurde in gewissem Maße zum Gegenstand der Verehrung, und sie selbst damit zu „Götzen“ – und das ist eher abwertend gemeint. Evelyn Knörr: „Der Begriff hat sich in der Reformationszeit verbreitet. Er wurde als Spottwort gegen die mit Öl gesalbten Priester gebraucht. Auch Luther soll den Begriff verwendet haben, als Bezeichnung für die Priester der römischen Kirche.“

Auch im heutigen Wortgebrauch wird „Ölgötze“ noch abwertend verwendet: im Sinne von „teilnahmslos“, „unbewegt“ und „lustlos“. (ric)

Wie hält eine Apfelweinfirma das spezielle Aroma ihres „Stöffches“ konstant?

Der Hesse ist Experte in Sachen Apfelwein, das ist keine Frage und lässt sich allein schon am Konsum ablesen: Während der Bundesbürger im Durchschnitt jährlich nur 1,3 Liter des vergorenen Apfelsaftes trinkt, bringt es der Hesse auf die zehnfache Menge. Dennoch ist auch unter den Hessen noch immer der Irrglaube verbreitet, jede Apfelwein-Kelterei habe ihren eigenen, typischen Geschmack, der nie variiert. Doch dem ist nicht so, räumt auch Dr. Johanna Höhl ein – sie ist tätig für die gleichnamige Apfelwein-Kelterei in Maintal-Hochstadt: „Es gibt schon Unterschiede von Jahr zu Jahr, aber die halten sich in sehr engen Grenzen. Wenn Sie sich eine Flasche zwei oder drei Jahre aufheben und Sie trinken die dann abwechselnd mit einem aktuellen Jahrgang, dann können Sie schon Unterschiede feststellen. Der Apfelwein ist ja schließlich ein Naturprodukt.“

Auch ein Apfel vom jeweils gleichen Baum schmeckt in einem trockenen und sonnenreichen Jahr anders als in einem verregneten Jahr mit relativ wenig Sonnenschein. Auch wird Apfelwein niemals nur aus einer einzigen Apfelsorte hergestellt, sondern immer aus einem Gemisch ganz unterschiedlicher Äpfel. Sein typisches Aroma verdankt der Apfelwein vor allem der richtigen Mischung. Dr. Johanna Höhl: „Sie können den Geschmack des Apfelweins nur durch zwei Dinge beeinflussen: zum einen durch die Auswahl der Äpfel. Sie müssen allergrößte Sorgfalt walten lassen und dürfen nur reifes, gesundes Obst verwenden, das nicht gespritzt ist – halt so, wie es hier von den Streuobstwiesen kommt. Und zweitens: Sie mischen! Sie mischen möglichst viele Apfelsorten in möglichst großen Behältern, um einen Geschmack zu bekommen, der ihrer persönlichen Note entspricht.“

Eine ganz wesentliche Aufgabe bei der Kreation des richtigen Aromas kommt dabei dem Kellermeister zu. Der zapft täglich Proben aus den mächtigen, viele zehntausend Liter fassenden Stahltanks, die er im Labor auf Säure- und Extraktgehalt überprüft. Anhand der Laborergebnisse und gemäß dem Urteil seiner Zunge mischt der Kellermeister schließlich aus den diversen Tanks das typische Aroma seines Apfelweines zusammen. (bse)

Verpuffung, Explosion, Detonation: was ist der Unterschied?

Zuweilen hilft dem recherchierenden Journalisten der simple Griff zum Duden: Eine Verpuffung, steht dort geschrieben, sei nichts weiter als eine schwache Explosion. Genau das bestätigt auch der Experte Rainer Bürstinghaus, er ist als Chemiker bei der BASF in Ludwigshafen tätig: „Eine Verpuffung kennt der Fachmann eigentlich gar nicht. Es handelt sich hier um einen verharmlosenden Ausdruck für eine Explosion.“ Eine Explosion ist – ebenso wie eine Detonation – eine schlagartig ablaufende Verbrennung: „Der Unterschied zwischen beiden ist in der Geschwindigkeit der Ausbreitung der Flammenfront begründet. Bei der Explosion findet diese Ausbreitung unterhalb der Schallgeschwindigkeit statt, bei der Detonation oberhalb der Schallgeschwindigkeit.“

Der Begriff „Verpuffung“ ist hingegen nicht streng definiert; der Fachmann nimmt ihn kaum in den Mund. In der Alltagssprache aber kann man darunter getrost eine schwache Explosion verstehen: So kann es zur Verpuffung kommen, wenn man versucht, das in Brand geratene Fett in einer Bratpfanne oder in einem Fonduetopf mit Wasser zu löschen; man sollte den Brand also lieber ersticken, etwa durch einen feuerfesten Deckel.

Eine Verpuffung droht auch beim Basteln und Heimwerkeln mit lösungsmittelhaltigen Farben oder Klebstoffen: Lässt man deren Töpfe und Tuben in unbelüfteten Räumen offen herumstehen, verdunsten die Lösungsmittel; zusammen mit der Luft können sie ein zündfähiges Gemisch bilden. Manchmal genügt dann schon der Funke eines Feuerzeugs, um das Gasgemisch explosionsartig verpuffen zu lassen.

Und auch im holzbefeuerten Kachelofen kann es zu einer Verpuffung kommen – und zwar dann, wenn Holzreste unbemerkt weiterkokeln und dabei Brenngase erzeugen. Im Laufe von Stunden können sich diese Gase so stark anreichern, dass ein winziger Funke aus der Restglut sie explodieren lässt. Unter Umständen ist diese Verpuffung so heftig, dass einem der halbe Ofen um die Ohren fliegt; wobei man dann besser von einer handfesten Explosion sprechen sollte statt verharmlosend von einer Verpuffung. (fg)

Wann ist eine Qualle wirklich tot?

Beobachtet man Quallen im Meer, dann bewegen sie sich anmutig und geradezu tänzelnd durchs Wasser. Als angespültes Strandgut aber werden sie rasch zu einer ekligen, wabbeligen Masse, an der man sich zudem auch noch die Haut verletzen kann, denn auch am Strand können manche Quallen noch ihr Nesselgift freisetzen. Ob solche Tiere dann bereits tot sind oder noch nicht, kann selbst der Biologieprofessor Roland Prinzinger von der Universität Frankfurt am Main nicht eindeutig beantworten. Denn im Unterschied zu uns Säugetieren haben Quallen weder Herz noch Gehirn: „Der Tod wird schwer definierbar, wenn ein Tier kein zentrales Organ hat, das über den Todeszeitpunkt entscheidet."

Eine Qualle besteht überwiegend aus sehr einfachen, untereinander extrem ähnlichen Zellen, und jede Zelle für sich allein ist bereits lebensfähig. Prof. Roland Prinzinger: „Da gibt es kein Blutgefäßsystem, kein Atmungssystem, gar nichts. Sauerstoff kommt direkt von außen an die Zellen heran, und so lange sie den bekommt, so lange die Zelle auch genügend Nahrung bekommt oder von den Nahrungsreserven leben kann: Dann kann die Zelle theoretisch ewig nesseln und auch leben, ohne dass sie den Verband der anderen Zellen bräuchte."

Selbst wenn also mehr als 99 Prozent der Zellen einer gestrandeten Qualle schon tot sind, könnten noch ein paar Zellen überlebt haben und weiterhin nesseln. Allerdings nesseln nicht alle Quallen-Zellen, sondern nur ganz bestimmte, die so genannten Nesselzellen – und die sind alles andere als einfach gebaut. Eine solche Nesselzelle enthält nämlich einen Explosionsapparat wie bei einem Airbag, eine winzige Harpune mit einem Giftspeicher, und als empfindlichen Alarmauslöser ein kleines Härchen an der Außenseite der Zelle. Wenn das Härchen von einem Lebewesen berührt wird, öffnet sich eine Art Deckel, die Harpune schießt heraus und bohrt sich mit ihren Widerhäkchen in die Haut. Der gesamte, mikroskopisch kleine Nesselzellen-Apparat sieht aus, als sei er der Fantasie eines Science-Fiction-Autors entsprungen: Es sind die kompliziertesten Einzelzellen, die man bis heute im Tierreich kennt. (sie)

Warum haben Lokomotiven 3 Lampen?

Wer an Bahnübergängen drei im Dreieck angeordnete Lichter sieht, sollte wissen, dass ein Zug naht. Während die zwei Scheinwerfer beim Auto einfach die linke und die rechte Fahrzeugbegrenzung markieren, soll das obere Spitzenlicht den Zug vom übrigen Verkehr unterscheiden: Seit dem 2. Weltkrieg gibt es in Deutschland diese Vorschrift für den Lokomotivenbau; in Frankreich und in anderen Ländern fahren hingegen Loks mit (nur) zwei Spitzenlichtern.

Gleichwohl darf man sich wundern, dass man eine Lok eigens als Lok kennzeichnen muss, ist doch deren Fahrweg kaum mit dem eines anderen Fahrzeugs zu verwechseln. Doch das Spitzenlicht hatte früher eine wirklich wichtige Funktion; Nikolas Mohr von der Fachzeitschrift „Eisenbahnkurier“ kennt sich aus: „Sie müssen sich vorstellen, dass es an vielen Strecken keine Telegrafie gab. Die Schrankenposten haben daher damals nach Fahrplan und auf Sicht gearbeitet. Wenn damals auf einer zweigleisigen Strecke ein Zug kam, der das dritte Spitzenlicht angeschaltet hatte, dann wusste der Schrankenposten: aha, hier kommt ein Zug, der nicht im Fahrplan steht.“

Auch damals gab es zudem schon „Geisterfahrer“: dann nämlich, wenn ein Zugführer seine Lokomotive aufs falsche Gleis manövriert hatte. Dann musste er die linke untere Lampe mit einer roten Scheibe abdunkeln; das galt in Deutschland noch bis in die 1960er-Jahre. Die Lokomotiven neuester Bauart können übrigens sehr flexibel beleuchtet werden, sagt Nikolas Mohr: „Es sind sehr viele moderne Loks inzwischen mit verschiedenen Spitzenlichtern ausgerüstet. Es gibt zum Beispiel in Deutschland eine ganz neue Lok, die europaweit einsetzbar ist und mit Leuchtdioden und modernster Computertechnik 19 verschiedene Spitzenlichter erzeugen kann – und Schlusslichter natürlich auch.“

Auf den europäischen Hochgeschwindigkeitsstrecken sind Lichter heute eigentlich nicht mehr nötig, denn der Sichtkontakt spielt bei 300 km/h keine Rolle mehr. Dennoch hat auch der ICE seine Spitzenlichter immer eingeschaltet, denn die Computerüberwachung kann ja auch mal ausfallen; und wenn die Spitzenlichter dann auch nicht funktionieren, darf der Zug den Bahnhof nicht verlassen. (ric)

Schlüpfen aus Eiern mit zwei Dottern auch zwei Küken?

Anomalien bei Eiern kommen hin und wieder vor. Am bekanntesten sind sicherlich die so genannten Blutflecken: Derartige Blutgerinnsel im Ei entstehen, wenn im Eileiter der Henne ein Äderchen platzt. Bei Hühnerrassen, die braune Eier legen, passiert dies häufiger als bei den so genannten „Weißschalenlegern". Solch ein kleines Blutgerinnsel hält zwar so manchen Verbraucher davon ab, das Ei zu verzehren, es ist aber gesundheitlich völlig unbedenklich.

Auch bei Eiern, die zwei Dotter enthalten, sprechen die Hühnerhalter von einer Anomalie. Wie es bei den Hühnern dazu kommt, schildert Prof. Roland Prinzinger von der Universität Frankfurt am Main: „Man muss sich vorstellen, dass sie nicht nur ein einziges Ei legen, sondern dass jeden Tag ein Ei produziert wird. Und daher kann es passieren, dass sich in der Schalenkammer, also dort, wo die Kalkschale gebildet wird, zufällig mal zwei Eidotter oder zwei gebildete Eier treffen und dass dann eine gemeinsame Eierschale gebildet wird. Es kommt nicht häufig vor, aber es ist auch nicht eine absolute Rarität."

Grundsätzlich können aus solch einem Ei auch zwei Küken schlüpfen – sofern innerhalb des Eies genug Platz für zwei sich entwickelnde Küken ist: „Wenn sie befruchtet sind, entwickeln sich auch Küken, aber dann kommt es darauf an, wie groß das Ei ist. Wenn dieses Ei groß genug ist, dann kann es durchaus sein (allerdings nur in extrem seltenen Fällen), dass sich zwei Jungvögel so weit entwickeln, dass sie tatsächlich auch schlüpfen." In der Regel erdrücken sich die beiden Küken aber gegenseitig und sterben ab.

Eier mit zwei Dottern werden übrigens vor allem von Junghennen gelegt. Dies kann zwar gelegentlich stressbedingt sein, in den meisten Fällen liegt aber eine genetische Ursache zu Grunde. Das Legen von übergroßen Eiern stellt für Hennen eine enorme körperliche Belastung dar, in deren Folge sie häufig Ader- oder Darmrisse erleiden. Daher verwundert es nicht, dass solche Hühner keine hohe Lebenserwartung haben. (bse)

Macht Säure wirklich „lustig“?

Während der Fünften Jahreszeit geht es ja oft reichlich lustig zu, doch die Karnevalisten, Narrhallesen und Jecken lutschen weder saure Drops noch knabbern sie an sauren Gurken, um lustig zu werden. Einzig, wer in eine Zitrone beißt und daraufhin Grimassen schneidet, bringt seine Gegenüber vielleicht zum Schmunzeln. Woher also stammt dann die Redewendung „sauer macht lustig“?

Auskunft geben kann hierzu Prof. Heinrich Dingeldein, er ist Leiter der „Arbeitsstelle Sprache in Hessen und Hessen-Nassauisches Wörterbuch“ an der Universität Marburg: „Dieser Ausdruck ist schon recht alt, die ersten Belege stammen aus der Zeit um 1700. Da bedeutete ‘lustig’ allerdings noch: ‘Das macht Lust auf etwas’. Und ‘sauer macht lustig’ war einfach eine Tatsachenbeschreibung: Wenn man Saures isst, dann bekommt man Appetit. Erst im Laufe der Zeit ist dann dieses ‘Lust haben auf etwas’ umgedeutet worden zu dem ‘lustig’, wie wir es heute empfinden, im Sinne von ‘Spaß machen’ also.“

Sauer (oder bitter) macht uns also nicht lustig, sondern hungrig. Und zwar deshalb, weil pflanzliche Bitterstoffe, wie sie in Kräutern, in einer Reihe von Salaten, in Zitrusfrüchten, in Artischocken, Rosenkohl und Blumenkohl enthalten sind, den Speichelfluss sowie die Magensäureproduktion anregen. In der Gastronomie wird dieses Wissen schon lange genutzt. Dr. Heinrich Dingeldein: „Viele Hors d’œuvres, die in der internationalen Küche gegessen werden, sind Sauerspeisen. Eingelegte Gurken, eingelegte Pilze, Auberginen, zum Beginn des Essens: Das ist ganz typisch. Und es ist tatsächlich physiologisch so, dass etwas Saures den Appetit anregt.“

Und das gilt auch für den in Deutschland traditionellen Blattsalat: Statt als Beilage, sollte er als Vorspeise gegessen werden. Der Essig macht ihn nicht nur weitgehend keimfrei, sondern auch leichter verdaulich. Und das Öl hilft uns dabei, bestimmte Vitamine aufzunehmen. Aber das ist eine andere Geschichte. (bse)

Wie brennt eine Kerze im Weltraum?

Auch Astronauten feiern Weihnachten – und möchten sich zum Advent oder an Heiligabend gern mal eine Kerze anzünden. Doch so richtig romantisch will das Wachslicht in der Raumstation nicht leuchten: Statt einer hellen Flamme mit ihrer typischen Tropfenform glimmt da nur eine mickrige, bläuliche Kugel.

Der Grund: Wenn eine Kerze brennt, entstehen als Abgase im Wesentlichen Kohlendioxid und Wasserdampf. Auf der Erde steigen diese Abgase rasch nach oben, also weg vom Kerzendocht, denn sie sind deutlich heißer als die Umgebungsluft – und damit leichter. Um den Platz des aufgestiegenen Gases wieder zu füllen, verdampft zusätzliches heißes Wachs und vermischt sich mit der Raumluft. So gelangt ein stetiger Strom an Luftsauerstoff und Wachsdampf von unten an die Flamme, und sie kann hell und schön aufleuchten.

Ganz anders sieht das in der Schwerelosigkeit aus – das haben u. a. Experimente an Bord des US-amerikanischen Spaceshuttles gezeigt. Hier verbrennt das Kerzenwachs zwar ebenfalls zu Kohlendioxid und Wasserdampf. Aber im Weltraum fehlt bekanntlich die Schwerkraft, und deshalb sind die heißen Abgase zwar noch immer heißer, aber nicht mehr leichter als die Umgebungsluft. Denn in der Schwerelosigkeit wiegen alle Dinge nun mal dasselbe – und zwar nichts.

Für die Kerze auf der Raumstation bedeutet das: Das heiße Kohlendioxid kann nicht mehr so richtig aufsteigen, es fehlt schlicht der Auftrieb. Somit kann kaum noch frische Luft von unten oder von der Seite an die Kerze heranströmen. Dadurch wird aber auch weniger Wachs verdampft, und die Verbrennung läuft im wahrsten Sinne des Wortes auf Sparflamme. Die Kerze brennt bei geringerer Temperatur mit einer mickrigen, blauen Kugelflamme ganz oben am Dochtende. (fg)

Wozu taugen Zitronen bei einer Beerdigung?

In Hessen wurden früher tatsächlich Zitronen bei einer Beerdigung gereicht: Ein heute schwer verständlicher Brauch. Aber wenn es um Beerdigungssitten, um Sterben und Tod geht, dann ist das Museum für Sepulkralkultur in Kassel die beste Adresse. Dessen Direktor ist Prof. Reiner Sörries, und er kennt natürlich den Brauch mit der Zitrone: „Wir haben Abbildungen von Leichenbegängnissen im Museum, da tragen die Teilnehmer der Prozession eine Zitrone in der Hand. Aber Sie können sich schon vorstellen, dass sie die wie ein Riechfläschchen immer wieder mal an die Nase gehalten haben. Anschließend hat man dann in der Regel diese Zitronen ins Grab geworfen."

Prof. Reiner Sörries war allerdings überrascht zu erfahren, dass ein Hörer der „hr1-Entdeckungsreise" diesen Brauch noch selbst miterlebt hat; er glaubte bis zu unserer Anfrage, der Brauch mit der Zitrone sei längst erloschen. Den praktischen Hintergrund sieht er darin, den Verwesungsgeruch zu überdecken: „Wenn man sich die früheren Verhältnisse bei einer Bestattung ansieht: Es gab noch keine Leichenhäuser; die Verstorbenen waren Zuhause aufgebahrt, vielleicht bei sommerlichen Temperaturen. Da war das durchaus notwendig, die Zitronen immer mal wieder an die Nase zu halten."

Freilich ist die Zitrone im Brauchtum letztlich ganz anders gedeutet worden. Einerseits war früher die Zitrone eine kostbare Frucht, die sich nicht jeder leisten konnte; andererseits traute man der Zitrone zu, Unheil abzuwehren. Sie galt als Sinnbild der Reinheit, des Unvergänglichen und als Symbol für das Streben des Menschen nach Vollkommenheit. So verbinden sich im Angesicht des Todes in der Zitrone symbolischer Gehalt und praktischer Nutzen. (utz)

Wozu dient der helle „Halbmond“ unter dem Fingernagel?

Tasten und greifen, etwas berühren oder festhalten: Das können wir vor allem wegen unserer Fingernägel so gut. Diese Nägel bilden nämlich an den Fingerenden eine feste Stütze für die Haut und schützen zugleich die mehr als 3000 empfindlichen Nervenenden in jeder einzelnen Fingerkuppe. Fingernägel wachsen lebenslang: Allerdings je älter wir werden, desto langsamer. Im Durchschnitt wachsen sie pro Woche ein bis zwei Millimeter, Fußnägel die Hälfte.

Der kleine Halbmond am Beginn unserer Fingernägel hört auf den schönen Namen „Lunula“ und hat etwas mit dem Nagelwachstum zu tun, sagt der Dermatologe Dr. Peter Mayser von der Gießener Universitätsklinik: „Der Nagel ist ja eine kleine Keratinplatte. Keratin ist ein besonderes Eiweiß, das von einer Bildungszone gebildet wird. Das, was wir als Halbmond sehen, ist der sichtbare Teil dieser ‘Matrix’ genannten Bildungszone; dort wird der Nagel gebildet.“ Der helle Halbmond befindet sich also nicht unter den Fingernägeln, sondern in ihnen.

Der größere Teil der Nagel-Bildungszone steckt verborgen in einer Hauttasche. Während des Wachstums verhornen die Zellen und werden von den nachfolgenden Zellen langsam strahlenförmig in Richtung Nagelspitze geschoben. Spezielle Zellen aus dem darunter liegenden Nagelbett wachsen in die unterste Schicht der Nagelplatte ein und sorgen so für eine feste Verankerung. Bei den Zellen der Lunula, also des Halbmondes, ist die Verhornung noch nicht vollständig. Diese Zellen enthalten noch lichtbrechende Eiweißkörner, deshalb schimmert der Halbmond weiß.

Leider ist die Nagelmatrix nicht unverwundbar; Privatdozent Dr. Peter Mayser: „Wenn es zu Verletzungen kommt oder zu einer Einblutung, dann kann das zu Störungen des Nagelwachstums führen. Wenn sie richtig fest draufgeschlagen haben, dann kann es passieren, dass es zu Spaltbildungen und zu Verformungen des Nagels kommt. Und wenn die Bildungszone gestört ist, dann ist das meistens nicht mehr zu beheben.“ Der Nagel, der nach solch einem Missgeschick oder Unfall herauswächst, ist krumm, gespalten oder es fehlt gar ein Stück. Und das bleibt dann leider so – lebenslang. (sie)

Wie kommen die Steine auf den Acker?

Es ist tatsächlich so: Immer wieder tauchen an der Oberfläche eines Ackers neue Steine auf. Das kann zwei Gründe haben, meint Lorenz King, er ist Geographie-Professor an der Universität Gießen: „In den 1960er-/1970er-Jahren wurden die Betriebe stärker mechanisiert, es wurde zunehmend tiefer gepflügt. Das ist die eine Möglichkeit: Wenn man tiefer pflügt, holt man Steine, die früher nicht in der oberen Bodenschicht waren, an die Oberfläche."

Aber auch aus Boden, der überhaupt nicht gepflügt wird, tauchen immer wieder neue Steine auf: Das hängt mit der guten Wärmeleitfähigkeit der Steine zusammen. Wenn man einen Stein anfasst, fühlt er sich bekanntlich kühl an. Prof. Lorenz King: „Das heißt, er leitet die Wärme sehr gut. Unsere Körperwärme wird abgeleitet, also ist er kühl; Bodenmaterial fühlt sich wärmer an." Wenn im Winter der Boden gefriert, und der Boden dann auch noch recht feucht ist, gefriert das Wasser im Boden zuerst unter den Steinen, weil sie gleichsam die Restwärme zu sich ableiten. Unter dem Stein passiert dann folgendes: „Wenn Wasser gefriert, bildet sich eine ganz dünne Eislamelle, und diese Eislamelle hat die Fähigkeit, Wasser aus der Umgebung anzuziehen, Bodenwasser anzuziehen. Diese Eislamelle wächst, sie wird etwas dicker, sie wird zu einer Eislinse, und diese Eislinse schiebt dann den Stein hoch, an die Oberfläche."

Mit jeder Frostperiode wird der Stein also etwas weiter nach oben geschoben – und eines Tages wundert sich jemand, dass an der Oberfläche schon wieder ein neuer Stein liegt. Und auch einen ziemlich makabren Effekt können Eislinsen haben: Wenn nämlich Leichen auf dem Friedhof nicht tief genug beerdigt worden sind. Prof. Lorenz King: „Da wird auch durch Eislinsenwachstum Material, in diesem Fall eine Leiche, nach oben transportiert." (utz)

Welcher „Römer“ stand Pate für das Frankfurter Wahrzeichen?

„1322 tauchte das Haus, damals noch ‘Zum Römer’ genannt, erstmals in einer Urkunde auf. Seit 1408 lenkten Bürgermeister und Stadtkanzlei von hier aus die Geschicke der Stadt“, weiß Nikolaus Münster, der Leiter des Presseamtes der Stadt Frankfurt am Main.

Dass der Name des Frankfurter Rathauses tatsächlich von der Stadt Rom abgeleitet wurde, gilt zwar als gesichert, aber wie genau die Bezeichnung ihren Weg von Rom nach Frankfurt fand, darüber streiten die Gelehrten. Es gibt zwei Versionen, die gleichberechtigt nebeneinander stehen, erläutert Nikolaus Münster: „Die eine ist, dass etwa im 13. Jahrhundert eine römische Familie in diesem Haus gewohnt haben soll, und es deshalb später ‘Römer’ genannt wurde. Die andere Version ist, dass dort – Frankfurt ist ja eine alte Handels- und Messestadt – vor allem römische Waren gehandelt wurden.“ Also Waren aus Rom, die römische Händler an den Main brachten und unmittelbar am alten großen Marktplatz lagerten, der heute den Namen Römerberg trägt.

Der Römer diente übrigens nie ausschließlich den städtischen Amtsgeschäften. Nikolaus Münster: „Bei der Wahl des Kaisers blickte ganz Deutschland in banger Erwartung auf den Römer: Die Kurfürsten berieten sich in dessen prachtvollem Wahlzimmer. Und nach der Krönung im Dom schritt der neue Herrscher zurück in den Römer, zum Krönungsmahl. Auf der Speisekarte damals: Ochs am Spieß, gefüllt mit Krönungswürsten, den berühmten Frankfurtern. Bilder der verschiedenen Krönungsfeiern machten den Römer dann über die Jahrhunderte weltbekannt.“

Im Zweiten Weltkrieg ging das Gebäude gemeinsam mit der Frankfurter Altstadt in Flammen auf. Nach langem Streit wurde die berühmte, dreigiebelige Fassade in leicht veränderter Form wieder aufgebaut und 1955 feierlich eingeweiht.

Auch wenn im Frankfurter Römer so mancher Schoppen getrunken wurde: Mit dem grünen oder braunen Weinglas hat das Rathaus nichts zu tun. Der Name des Glases stammt ab vom niederdeutschen Wort „roemen“, was bedeutet: „rühmen“ oder „preisen“. Gepriesen wurde meist mit einem passenden Trinkspruch und mit einem beherzten Schluck aus dem Rühm- oder Römerglas. (hüt)

Können Tiere lesen?

Ein großer Teil unseres Gehirns ist mit dem Sehen beschäftigt. Dank moderner Abbildungsverfahren weiß man heute, dass die Nervensignale beim Sehen von den Augen zunächst in eine bestimmte Gegend im Hinterkopf geleitet und dort verarbeitet werden. Erst danach werden sie im Gehirn weiter verteilt. Bis zu 30 Hirnareale springen an, wenn wir die Augen öffnen – unabhängig davon, ob wir ein Bild im Museum betrachten, eine Schnecke im Wald beobachten oder diese Seite lesen. Die Frage ist also, ob irgendwelche Regionen im Gehirn dann und nur dann aktiv werden, wenn wir etwas lesen: Tatsächlich gibt es eine solche Region im Gehirn, sagt Ruxandra Sireteanu. Die Psychologin ist Professorin an der Universität Frankfurt am Main und leitet gleichzeitig eine Arbeitsgruppe am Max-Planck-Institut für Hirnforschung in Frankfurt: „Und zwar im Schläfenlappen auf der hinteren Seite, zwischen dem Schläfenlappen und dem Scheitellappen. Das heißt, im hinteren Teil des Gehirns, so halbwegs über dem Ohr.“

Gyrus angularis nennt die Forscherin diese Gegend im Gehirn, und sie ist keine Gehirnstruktur, die den Menschen allein auszeichnet – sie kommt auch bei Tieren vor; „Gyrus“ heißt soviel wie Hirnwindung und „angularis“ bedeutet: winklig. Diese winklige Windung ist auf beiden Seiten des Gehirns vorhanden, beim Lesen springt aber in der Regel nur die Gegend auf der linken Seite an. Ruxandra Sireteanu interessiert sich u.a. deshalb für dieses Hirnareal, weil sie sich als Wissenschaftlerin mit der Lese- und Rechtschreibschwäche beschäftigt: „Lesen kann die Evolution nicht vorgesehen haben, aber wir machen sehr viel Gebrauch davon. Und Lesen kann auch leicht gestört werden; wahrscheinlich weil es eine sehr fortgeschrittene Funktion des Gehirns ist, die sehr viele Ressourcen in Anspruch nimmt.“

„Voranpassung“ nennen das die Evolutionsforscher: Unsere Lesefähigkeit war schon vorhanden, bevor die Schrift erfunden wurde. Aber wozu hat der Mensch die Lesefähigkeit benötigt, wenn sie älter ist als die Schrift? Prof. Ruxandra Sireteanu: „Man geht davon aus, dass das Lesen sich aus dem Zeichenlesen entwickelt haben könnte aus dem Spurenlesen.“ Die Buchstaben auf dem Papier sind demnach so etwas wie die Spur eines Kaninchens im Schnee, die ein Fuchs betrachtet. Tiere können also auch lesen. Im Prinzip zumindest. (utz)

Wie „live“ sind Live-Sendungen?

„Live“ sind Radio- und Fernseh-Sendungen dann, wenn sie nicht aufgezeichnet, sondern bereits im Moment des Entstehens zu den Empfangsgeräten gesendet werden. Wer zum Beispiel eines der hr-Programme hören will, hat dazu – vom Internet abgesehen – drei Möglichkeiten. Erstens: ein Radio mit einer „terrestrischen“ Antenne. Das ist zum Beispiel die Ausziehantenne am tragbaren Radiogerät, und „terrestrisch“ heißt dieser Empfang, weil die Sendeanlage auf der Erde steht, meistens auf einem Berg. Die zweite Möglichkeit ist der Empfang per „Schüssel“, also über eine Satellitenanlage. Und zum Dritten gibt es das Kabelnetz. Peter Bittner von der hr-Sendetechnik erklärt, wie die Radioprogramme ins Kabelnetz gelangen: „Das passiert über so genannte Kabelkopfstellen. Die haben eine oder mehrere Empfangsantennen, zum Teil terrestrisch, zum Teil vom Satellit. Sie nehmen die Programme auf, setzen die Programme in Kabelfrequenzen um, und dann werden sie von da aus verteilt.“

Es gibt Hunderte solcher regionalen Kabelkopfstellen. Um Radio-Programme ins Kabelnetz einspeisen zu können, müssen sie diese also zunächst einmal selbst empfangen. Aber nicht in allen Regionen kann man sämtliche Programme über gewöhnliche, terrestrische Antennen empfangen. Peter Bittner: „Weil wir einen Mangel an Frequenzen haben. In dicht besiedelten Gebieten gibt's ja viele Programmanbieter. You FM oder hr info können wir zum Beispiel gar nicht mit großen Sendern landesweit ausstrahlen. Die können dann zum Teil nur über Satellit empfangen werden, wenn es keine terrestrischen Empfangsmöglichkeiten gibt.“

In solchen Fällen sind auch die Kabelkopfstellen auf den Satellitenempfang der Programme angewiesen. Und für den Umweg über den Satelliten, hin und zurück 72.000 Kilometer, benötigt das Radiosignal etwa eine Viertelsekunde. Wenn man in manchen Regionen gleichzeitig ein Kabel- und ein Antennenradio einschaltet, kann man diese Verzögerung deutlich hören. Auch wer eine private Satellitenschüssel montiert hat und seine HiFi-Anlage im Wohnzimmer damit versorgt, merkt den Zeitverzug, wenn er in der Küche ein Kofferradio mit Stabantenne laufen hat. Die Sendungen sind dann zwar noch immer „live“, per Stabantenne aber „liver“ als per „Schüssel“. (fe)

Wie kamen die Vitamine zu ihrem Namen?

Fehlten vor 200 Jahren den Seefahrern auf ihren langen Fahrten die Zitrusfrüchte, dann litten sie nach ein paar Wochen an Müdigkeit, Muskelschmerzen und Blutungen – an den typischen Zeichen eines Skorbuts. Heute wissen wir, dass diese Symptome auf einen Mangel an Vitamin C zurückzuführen waren. Der Name „Scharbockskraut" ist übrigens eine verballhornte Variante von „Skorbutkraut" – es wächst ganz früh im Jahr und trug daher früher dazu bei, den Mangel an frischem Gemüse nach der kalten Jahreszeit zu überwinden.

Man ahnte also schon lange, dass in unserer Nahrung bestimmte Bestandteile stecken, deren Fehlen zu ernsthaften Störungen unserer Gesundheit führen, erläutert Dr. Dietmar Linder, der als Biochemiker an der Universität Gießen tätig ist: „Nur, man wusste nicht, was genau es ist." Erst 1912 wurde eine solche Substanz genauer beschrieben: Casimir Funk, ein polnisch-amerikanischer Wissenschaftler, hat dieser Substanz den Namen 'Vitamin' gegeben, abgeleitet von Vita (für Leben) und Amin (für stickstoffhaltig). Casimir Funk hatte das Vitamin B1 entdeckt, und innerhalb kürzester Zeit fanden die Wissenschaftler immer neue derartige Nahrungsfaktoren, sprich: Vitamine. Der Einfachheit halber wurden ihnen Buchstaben zugeordnet. Dr. Dietmar Linder: „Es wurden unterschiedliche Substanzen entdeckt, die Vitamincharakter hatten – die einen waren fettlöslich, die anderen wasserlöslich. Die Fettlöslichen hat man einfach A genannt und die Wasserlöslichen B."

Nach den Vitaminen A und B fand man noch viele andere Vitamine, die kurzerhand C, D, E usw. genannt wurden; weitere Forschungen aber zeigten, dass es nicht nur ein einziges B-Vitamin gibt, sondern viele – zur Unterscheidung heißen sie heute zum Beispiel B1, B2, B6 oder B12. Zuletzt wurde 2003 ein neuer Kandidat für den Status „Vitamin" erkannt, die schon seit 1979 bekannte Substanz PQQ. Sie erfüllt angeblich alle Kriterien für Vitamine: Die Substanz wird in kleinen Mengen benötigt, kann aber vom Körper nicht in ausreichender Menge selbst produziert werden. PQQ, das in Gemüse und Fleisch vorkommt, muss deshalb über die Nahrung aufgenommen werden. (sie)

Wie stabil ist unser Gedächtnis?

Etwa sieben Jahre dauert es, bis die meisten Zellen unseres Körpers einmal komplett erneuert wurden, erklärt Dr. Andreas Scholz; er ist Physiologe an der Universität Gießen und fügt an: „Sicherlich am bekanntesten ist es beim Blut, wo sich innerhalb kürzester Zeit, binnen 90 Tagen beispielsweise die roten Blutkörperchen wieder erholt haben, wenn sie verloren gingen. In anderen Bereichen – in den Knochen – geht das aber langsamer vonstatten.“

Unsere Haut ist übrigens noch schneller: Innerhalb von nur 26 Tagen werden alle Hautzellen einmal erneuert. Nerven- und Sinneszellen, die eigentlichen Gedächtniszellen, erneuern sich hingegen überhaupt nicht: „Es gibt in einigen Bereichen zwar Neuzuwachs, aber der ist minimal. Beim Langzeitgedächtnis stellt man sich das heute so vor, dass es an der Verschaltung der Nervenzellen liegt, dass ich mich erinnern kann. So ähnlich wie bei der Hardware eines Computers, die fest verdrahtet ist.“

Wie die Speicherung in unserem Gedächtnis genau abläuft, ist noch immer nicht geklärt; vieles deutet allerdings darauf hin, dass das Kurzzeitgedächtnis mit elektrischen und chemischen Änderungen in den Nervenzellen arbeitet. Diese Veränderungen in den Zellen sind aber nicht von Dauer; erst durch einen weiteren Speicherprozess gelangen Sinneseindrücke ins Langzeitgedächtnis: Vergleichbar also mit einem Computer, aus dem man einen Brief nur dann beim nächsten Start wieder aufrufen kann, wenn man ihn zuvor auf der Festplatte gespeichert hat. Dr. Andreas Scholz: „Ein interessanter Beleg dafür ist sicherlich, dass man, wenn man einen Unfall hatte, sich oft nicht mehr an die Ereignisse kurz vor dem Unfall erinnern kann. Da ist vermutlich das Elektrische und Chemische gleichsam verloren gegangen. Aber was weiter zurückliegend war, an das kann man sich noch hervorragend erinnern.“

Für das, was uns dauerhaft im Gedächtnis bleibt, ist also die Verschaltung zwischen den einzelnen Nervenzellen und Zellgebieten unseres Gehirns entscheidend. (sie)

Fulda, Bebra, Wartha: Warum enden so viele Ortsnamen auf -a?

Gera, Gotha, Jena und Vacha; Eitra, Jossa, Herfa, Remda, Möhra, Tüngeda, Warza: Besonders in Osthessen und in Thüringen enden auffällig viele Ortnamen mit einem „A". Und das ist kein Zufall, dann in diesem „A" versteckt sich gewissermaßen das ursprüngliche Wort für Wasser, erläutert Ernst Erich Metzner, er ist Professor für Literatur- und Sprachwissenschaften an der Universität Frankfurt am Main: „Das sind alles Namen, die ursprünglich auf 'acha' ausgegangen sind. 'Acha' ist die mitteldeutsche – oder die normaldeutsche – Form für 'Wasser'. Im süddeutschen Raum haben sie das „ch" zum Beispiel noch im 'ach' von 'Salzach', das 'salzige Wasser'. Im nördlichen Bereich ist das ursprüngliche 'ch' oder das 'h' zwischen zwei Vokalen dann allmählich ausgefallen. Aus Fuldacha ist Fulda geworden." Bei „Eisenach" ist der Sprachwandel demnach gleichsam auf halbem Wege stecken geblieben.

Im Laufe der Zeit wurde übrigens in der Umgangssprache das „A" am Ende gelegentlich zu einem „E" abgeschwächt; von Goethe zum Beispiel ist die Schreibweise „Apolde" für Apolda überliefert. Doch häufig wurde das „A", der Rest des Wortes „acha" für „Wasser", gerade in Ortsnamen durch die Schriftsprache konserviert und – so könnte man sagen – gerettet. Prof. Ernst Erich Metzner: „Die Beamten haben die älteren Formen erhalten, weil das besser klingt. Es klingt ein bisschen pompöser als all' diese Namen mit 'e'. Zum Beispiel Gera in Thüringen würde dann 'Gere' sein, mit zwei 'e', da klingt es schon besser mit 'a'."

Wasser- und Waldnamen für Orte wurden ungefähr zwischen dem 4. Jahrhundert vor und nach Christus gebildet; zu einer Zeit, in der das Land noch weitestgehend mit Wald und Sumpf bedeckt war. Interessanterweise hat das ursprüngliche Wort „acha" viel Ähnlichkeit mit dem lateinischen „aqua". Prof. Ernst Erich Metzner: „Aber es ist nicht vom lateinischen Wort 'aqua' abgeleitet. Denn natürlich konnten die Germanen oder die Hessen oder die alten Thüringer ein eigenes Wort für Wasser oder Bach finden. Aber sie haben eben ein Wort verwendet, das die gemeinsamen Vorfahren der Lateiner – der Römer – und der Germanen hatten. Es ist also sehr interessant, dass wir in diesem Bereichen so sehr viele Gemeinsamkeiten finden zwischen den ehemaligen Sprachverwandten, gerade bei den einfachen Wörtern." (gr)

Seit wann gibt es Nähnadeln?

Die ersten Nähnadeln wurden aus Knochen gefertigt: „Etwa fünf Zentimeter lang; am Ende ein Nadelöhr, wie es sich gehört. Und schön überarbeitet. Man löst mit einer scharfen Klinge einen Span aus einem Knochen und schnitzt ihn dann noch etwas. Dann wird er auf einem Sandstein geschliffen, geschmirgelt sozusagen. Und zum Schluss wird ein Loch hinein gebohrt oder auch geschnitten." Das erzählt Dr. Christoph Willms. Er leitet die paläolithische Abteilung am Archäologischen Museum in Frankfurt am Main. In der wissenschaftlichen Literatur wird zum Beispiel eine Nähnadel aus der Oberen Klausenhöhle bei Kelheim im Altmühltal beschrieben. Sie wurde ins späte Jungpaläolithikum datiert und ist damit 15.000 bis 17.000 Jahre alt; ähnlich alte Nähnadeln wurden auch in Frankreich gefunden.

Wer nähen will, braucht aber auch einen Faden, nur: leider ist nirgends Fadenmaterial aus der Steinzeit erhalten geblieben. Aber Christoph Willms wagt dennoch zu spekulieren, dass mit Tiersehnen genäht wurde: „Man kann zum Beispiel die Sehnen klopfen, dann zerfasern sie. Dann kann man sie entweder so dünn nehmen, wie sie sind, oder auch neu zusammendrehen, verzwirnen, zu einem echten Faden." Aber, wie angedeutet: Es fehlen die Funde. Auch Haare könnten zu einem Faden verzwirnt worden sein, Mammuthaare zum Beispiel, aber auch lange Menschenhaare.

Genäht wurden Felle oder Leder; das legen Grabfunde nahe, obwohl auch sie nie so vollständig erhalten geblieben sind, wie es die Archäologen sich wünschen würden. 100 Kilometer von Moskau entfernt haben Archäologen in den 1960er-Jahren zum Beispiel Gräber freigelegt, die 25.000 Jahre alt sind. Die gefundene Kleidung erinnert sehr an die Ledermontur, wie sie heute Rocker tragen: In einem Fall waren Hose und Jacke mit sage und schreibe 3.000 Elfenbeinperlen bestickt. Die Kleidung ist zwar verwest, aber die Perlen zeichnen ihre Umrisse nach – und da die Perlen durchlöchert waren, sind sie höchstwahrscheinlich auf die Kleidung genäht worden. Mit Sicherheit sind Nähnadeln also 15.000 Jahre alt, aber einiges deutet darauf hin, dass es sogar schon vor 25.000 Jahren Nähnadeln gab. (utz)

Wie kam das Wasser auf die Erde?

Mehr als zwei Drittel der Oberfläche unseres Planeten sind mit Wasser bedeckt. Vom All aus gesehen, erscheint die Erde daher blau – weshalb man so gerne vom „blauen Planeten" spricht. Insgesamt dürfte es auf der Erde unvorstellbare 326 Millionen Kubikkilometer Wasser geben, schätzen Experten. Ein Kubikkilometer: das sind immerhin 1.000 Milliarden Liter...

Wo aber kommt all das Wasser her? Nun, darüber streiten die Fachleute ebenso lange wie heftig. Im Wesentlichen sind es zwei Theorien, die die Wissenschaftler in Betracht ziehen. Theorie 1 geht davon aus, dass der überwiegende Teil des Wassers bereits bei der Geburt unseres Planeten da war, also vor rund 4,5 Milliarden Jahren. Damals bildete sich die Erde dadurch, dass – vereinfacht gesagt – eine riesige, die Sonne umkreisende Staubscheibe zu einer Kugel verklumpte. Dieser Urstaub enthielt auch jede Menge Wasser. Und im Laufe der Zeit wurde das Wasser dann durch Vulkanausbrüche und durch andere Naturkatastrophen vom Erdinneren an die Oberfläche geschwemmt.

Theorie 2 hingegen nimmt an, dass das Wasser erst nachträglich auf die Erde kam, und zwar aus dem Weltall, aber nach und nach. Unzählige Kometen sollen es gebracht haben: Kometen sind im Grunde ja nichts anderes als „schmut zige Schneebälle" – riesige Eisklumpen also. Die Befürworter dieser Theorie fühlen sich durch jüngste Beobachtungen von US-Forschern bestätigt: Denen nämlich sind Aufnahmen von kleinen Eiskometen gelungen, die beim Eintritt in die Erdatmosphäre verdampfen. Pro Minute stürzen angeblich 20 solcher Kometen auf die Erde, jeder von ihnen 20 bis 40 Tonnen schwer. Wieder andere Fachleute glauben jedoch, dass nicht viele kleine Kometen das Wasser brachten, sondern einige wenige, dafür aber extrem große Kometen – und zwar ganz früh in der Geschichte unseres Planeten.

Vielleicht ist ja auch an allen Theorien etwas dran, und ein Teil des Wassers war bereits bei der Geburt der Erde da, während der Rest im Laufe der Zeit von Kometen importiert wurde. Nur: Ob sich das jemals abschließend klären lässt, das kann man weder in den Sternen lesen noch in den Tiefen der Ozeane. (fg)

Wie entsteht der typische Kellergeruch?

Im Gegensatz zu Hunden besitzen Menschen eine ziemlich unempfindliche Nase, aber immerhin: Verfaultes Fleisch können wir von einem frischen Apfel auch mit geschlossenen Augen unterscheiden. Mensch und Tier gemeinsam aber ist, dass sie nur jene Stoffe wahrnehmen können, die in der Luft umherschwirren, also so genannte flüchtige Stoffe. Welche flüchtigen Stoffe in feuchten Kellern besonders häufig vorkommen, weiß Prof. Michael Bottlinger vom Umwelt-Campus Birkenfeld der Fachhochschule Trier: „Vermutlich sind in erster Linie die Sporen von Schimmelpilzen für die Entstehung des Kellergeruchs verantwortlich. Man weiß zum Beispiel von einem Stoff, der verantwortlich ist für das, was wir als Muffton beim Wein empfinden, für den so genannten Korkgeschmack; das geht ja auch in Richtung Kellergeruch. Das ist der Stoff Trichloranisol, den wir Menschen schon bei ganz geringen Konzentrationen wahrnehmen können.“ Trichloranisol ist giftig, und unsere Nasen reagieren darauf glücklicherweise sehr empfindlich.

Mineralischer Staub hingegen – auch davon gibt’s im Keller jede Menge – riecht im Unterschied zu den Schimmelpilz-Sporen nicht. Oft ist aber dieser Staub von organischen Substanzen durchsetzt und damit ein gefundenes Fressen für den Schimmel. Daher trägt er gleichsam indirekt doch noch zum Kellergeruch bei. Ganz im Gegensatz zur Hausstaubmilbe: Zusammen mit ihrem Kot machen die Spinnentiere zwar etwa 80 Prozent des Hausstaubs aus und sind so für viele Menschen die eigentliche Ursache einer Hausstaub-Allergie, aber selbst starke Hausstaub-Allergiker können die Milben und deren Kot nicht erriechen.

Kramen wir also zum Beispiel eine alte Tasche aus dem Keller, so sind es vor allem die Schimmelpilze und deren Abbauprodukte, die auf die stets feuchte Schleimhaut unserer Nase treffen. Dort aktivieren sie spezielle Riechzellen, von denen einige auf Pilzgeruch ansprechen, andere auf Rosenduft und wieder andere zum Beispiel auf Kaffee-Aroma: Je nachdem, welche Riechzellen dann einen Nervenimpuls ans Gehirn senden, entsteht am Schluss ein Sinneseindruck, den wir als angenehm oder eklig empfinden. (hüt)

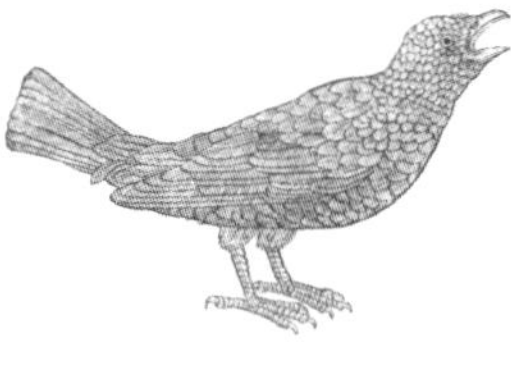

Warum „sticht“ man in See?

Das Wort „stechen“ kommt in mancherlei Redewendungen vor. Am einfältigsten aber wohl in der Antwort auf die folgende Frage: Was macht ein Ostfriese, wenn er mit einem Messer in der Badewanne sitzt? Der Ausdruck „in See stechen“ bedeutet in der uns heute bekannten Anwendung: vom Hafen aufs offene Meer hinaus zu schippern. Warum es gerade „stechen“ heißt und nicht zum Beispiel „segeln“, erklärt Dr. Andreas Bittner; er ist Privatdozent für Germanistik an der Universität Frankfurt am Main: „Ursprünglich bedeutete es nichts anderes als das Abstoßen mit einer Ruderstange von einem Anlegeplatz oder vom Ufer, also: mit einer Ruderstange ins Wasser stechen. Der seemännische Begriff heißt im niederländischen noch afsteken für losfahren.“

Auch das Wort „staken“ hat sich bis heute erhalten und bedeutet: ein Boot mit Hilfe einer langen Stange fortbewegen. Veraltet ist hingegen der seemännische Ausdruck „abstechen“ für das Abstoßen eines Bootes mit Hilfe einer Stange. Abstechen wird heute im Sinne von schlachten verwendet – „herunterstechen“ hieß es bei den Rittern: „Im Althochdeutschen gibt es das ‘Stechen’ bei den ritterlichen Turnieren, was bedeutete, sich mit Stangen oder Lanzen aus dem Sattel zu stoßen. Daher heißt es heute auch in anderen Sportarten, dass es ins Stechen geht. Das ist abgeleitet von den ritterlichen Turnierspielen, ebenfalls die Redewendung: sich gegenseitig ausstechen.“

Seit dem 16. Jahrhundert schon gibt es ferner den Ausdruck „Stich“ beim Kartenspiel, wenn man dem Mitspieler eine Karte wegnehmen kann. Ein anderes Wort, das sich vom Verb „stechen“ ableitet, hat direkt mit dem Stechen in der Schiff- und Seefahrt zu tun, erklärt Andreas Bittner: „Wir haben diesen schönen Begriff des ‘Abstechers’, wenn man unterwegs einen Ausflug abseits des anvisierten Zieles unternimmt. Noch im 18. Jahrhundert hieß ‘Abstecher’ nichts anders als ‘eine kurze Fahrt mit einem Beiboot von einem größeren Schiff aus’. Also wieder das ganz konkrete Abstechen – Abstoßen – von einem Schiff.“ (gr)

Schuhgrößen in Europa: Wie sind sie entstanden?

Es gibt viele unterschiedliche Bezeichnungen für Schuhgrößen, und das hat seinen Ursprung im Mittelalter. Anfangs wurden die Füße einfach mit einer Schnur oder einer Leiste abgemessen, und anhand dieser Messung wurde ein Paar Schuhe gefertigt. Nach und nach wurden aber auch Schuhe auf Vorrat produziert, weiß Rosita Nenno vom Leder- und Schuhmuseum in Offenbach: „Erst seit es eine Vorratshaltung bei Schuhen gibt, seit dem späten Mittelalter, musste man die Schuhe auch in Größen einteilen. Daher berufen sich all diese Größensysteme auf unsere alten Längenmaße."

Jedes Königreich, jedes Herzogtum und jede Freie Stadt konnte unterschiedliche Längenmaße haben, und auf diesen unterschiedlichen Maßeinheiten beruhen die diversen Schuhgrößen noch immer. Gängig sind bei uns heute vor allem drei Maßeinheiten: die französische, die englische und die amerikanische. Rosita Nenno: „Und zwar haben wir da einmal ein altes Maß im französischen System für diese 38er-, 39er-, 40er-Größen. Das ist 'ein Stich', und ein Stich sind 6,66 Millimeter; drei Stiche sind zwei Zentimeter." Jede Schuhgröße ist also um 2/3 cm länger als die vorherige. Die Schuhgrößen in England und in den USA basieren hingegen noch heute auf der Maßeinheit Zoll; die Umrechnung der britischen Größen auf die „französische" Norm ist nicht für alle Größen ganz exakt möglich, nur Größe 40 entspricht ziemlich exakt Größe 6 1/2 in England – aber in den USA 7 1/2 (für Männer) bzw. 8 1/2 (für Frauen)...

Heute steht die Schuhgröße meistens in allen drei, mindestens aber in zwei Maßeinheiten auf den neuen Schuhen. Dennoch sollte man Schuhe nicht blind nach der Schuhgröße kaufen, denn die deutsche Schuhgröße richtet sich nach der Länge des Schuhs. Bei italienischen Schuhen wird hingegen von der Fußlänge ausgegangen, weswegen italienische Schuhe regelmäßig eine Schuhgröße kleiner ausfallen als deutsche. (hof)

Warum liegen im Osten der USA „Westindische" Inseln?

Es sollte ein historisch bedeutsamer Tag werden: der 3. August 1492, als Christoph Kolumbus vom Hafen des andalusischen Städtchens Palos de la Frontera aus in See stach – mit den drei Schiffen Santa Maria, Pinta und Nina. Genau 71 Tage nach seiner Abreise (am 12. Oktober 1492) stieß Kolumbus auf eine Insel – und dies in der Annahme, die Küste Indiens erreicht zu haben, schildert Sylvia Kasprycki vom Museum der Weltkulturen in Frankfurt am Main: „Christoph Kolumbus war, wie viele seiner Zeitgenossen, der Meinung, dass er einen westlichen Seeweg nach Indien finden könnte. Und als er 1492 erstmals die Inselgruppe entdeckte, die den beiden Amerikas vorgelagert ist, dachte er, dass er sein Ziel erreicht habe."

Doch in Wirklichkeit hatte Kolumbus keine dem indischen Subkontinent vorgelagerte Inselgruppe entdeckt, sondern die karibischen Inseln – die heute auch Westindische Inseln genannt werden. Sylvia Kasprycki: „Bei den Westindischen Inseln handelt es sich um eine langgestreckte, etwas gebogene Inselkette, die sich von Florida bis vor die Küste Venezuelas erstreckt. Dazu zählen die Großen Antillen, dazu gehört Haiti, Puerto Rico, Jamaika, die Kleinen Antillen, und auch die Bahamas werden dazugerechnet." Da Kolumbus dachte, sich Indien von Osten her zu nähern, musste er also annehmen, vor der Ostküste gelandet zu sein. Dementsprechend hätte man die Inseln eigentlich Ostindische Inseln nennen müssen.

Doch die Inselkette erhielt ihren Namen nicht zur Zeit von Kolumbus. Erst viele Jahre später, als schon längst klar war, dass Kolumbus keinen westlichen Seeweg nach Indien entdeckt hatte, sondern in Amerika gelandet war, kam die Inselgruppe zu ihrem heutigen Namen: „Der Name Westindische Inseln leitet sich davon ab, dass man erkannte, dass sie einem Kontinent vorgelagert sind, der zuvor unbekannt war und dass es sich nicht um Indien handelt. Daher galt es, diese vermeintlich 'indischen' Inseln von dem tatsächlichen Indien zu unterscheiden. Aus der Perspektive Europas betrachtet liegen die Westindischen Inseln im Westen und das asiatische Indien im Osten. Hieraus leitet sich diese Unterscheidung ab: Westindien und Ostindien." (bse)

Wie entsteht das Donnergrollen?

Blitz und Donner gehören zusammen wie Pech und Schwefel, wie Dick und Doof: Ohne Blitz nämlich gäbe es auch keinen Donner. Und will man wissen, wie Donner entsteht, dann muss man zunächst verstehen, wie ein Blitz zustande kommt: „Die Gewitterwolke ist eine Art von Batterie, also der Energielieferant. Eine Gewitterwolke ist 10 bis 15 Kilometer hoch. Über diese Höhe fällt die Temperatur von etwa plus 10 Grad auf minus 60 Grad, was dazu führt, dass ein sehr starker Auftrieb von Luftmassen zustande kommt." Sagt Prof. Thomas Klinger, er ist Physiker an der Universität Greifswald.

Die Luftmassen, die in der Wolke emporsteigen, enthalten Feuchtigkeit. Diese Feuchtigkeit kondensiert zu Regen- und zu Eistropfen, und wenn die Tropfen schwer genug sind, fallen sie herunter. Beim Herunterfallen reiben sie sich an anderen, leichteren Eisbröckchen sowie an Regentröpfchen und laden sich dadurch elektrisch auf. In der Wolke baut sich so nach und nach eine enorm große elektrische Spannung auf. Prof. Thomas Klinger: „Dann kommt es wie beim Funken einer Batterie zu der eigentlichen Blitzentladung, die die negative Ladung auf die Erdoberfläche transportiert." Ein Blitz ist entstanden.

Dieser Blitz erhitzt nun, wenn er zu Boden fährt, die Luft um sich herum, und zwar schlagartig: „Durch die starke Aufheizung der Luft kommt es zu einer Druckwelle. Diese Druckwelle, weil das so plötzlich geschieht, breitet sich als eine Schockwelle mit Schallgeschwindigkeit aus. Letztlich ist das nichts anderes, als wenn man in die Hände klatscht: Bloß ist erheblich mehr Energie dahinter." Energie, die wir als gewaltigen Donner wahrnehmen; und seine Echos am Erdboden und an Bergen hören wir als dumpfes, entferntes Grollen. (fg)

Wie wird Tofu hergestellt?

Die Sojabohne ist eine der ältesten Kulturpflanzen der Erde, schon 2800 vor Christus wurde sie in China angebaut. Wegen ihres hohen Eiweißgehaltes zählt Soja noch heute in Asien zu den Hauptnahrungsmitteln. Wie man aus Sojabohnen Tofu herstellt, weiß Christian Nagel von der Tofumanufaktur Nagel im schleswig-holsteinischen Ellerbek. Zunächst werden getrocknete Sojabohnen über Nacht eingeweicht, zum Keimen gebracht und danach zu feinem Püree zermahlen: „Dieses Püree wird mit Wasser vermischt und aufgekocht. Nach dem Kochen werden die Faserstoffe von der Flüssigkeit getrennt. Hierfür haben wir einen Separator, der quetscht die gemahlenen Sojabohnen aus. Dabei entsteht Okara, so genannte 'heilige Schale' – das sind die Reste von der Sojabohne – und außerdem Sojamilch. Das Okara wird an Rinder verfüttert, und die Sojamilch wird mit Hilfe eines Meersalzauszuges (das nennt man Mikari, chemisch ist das Magnesiumchlorid) zum Gerinnen gebracht. Das flockt dann aus: Die Sojamilch trennt sich in Molke und in Eiweiß."

Die Molke wird abgeschöpft und eignet sich hervorragend als Pflanzendünger. Das Eiweiß wird gepresst und ergibt Tofu, den man in Portionen schneiden kann. Tofu ist also eine Art Frischkäse oder Quark aus Pflanzenmilch. Immer mehr Menschen hierzulande haben Tofu inzwischen für ihren Speiseplan entdeckt, und Christian Nagel weiß auch warum: „Weil Tofu einfach tolle Nährwerte hat und ernährungsphysiologisch ganz prima ist, und auch so vielseitig ist in der Küche." Die Sojabohne enthält doppelt so viel Eiweiß wie eine vergleichbare Portion Rindfleisch und außerdem noch essentielle Fettsäuren und ballaststoffartige Kohlenhydrate, die die Verdauung fördern: In Soja stecken so viele so genannte sekundäre Pflanzenstoffe wie in keiner anderen Pflanze.

Hierzu gehören auch pflanzliche Hormone: Östrogene. Diese Hormone in der Sojapflanze sind nach Ansicht von Wissenschaftlern die Ursache, warum asiatische Frauen kaum Beschwerden während der Wechseljahre und eine niedrige Brustkrebsrate haben. Auch ein geringeres Risiko für Prostatakrebs schreibt man der vorbeugenden Wirkung von Sojaprodukten zu. (sie)

Warum hat das orthodoxe Kreuz mehrere Querbalken?

Jede christliche Glaubensrichtung hat ihre eigene Kreuzdarstellung entwickelt. Die griechische Form ist quadratisch, beide Balken sind gleich lang; griechische Kirchen haben deshalb auch einen quadratischen Grundriss. Die lateinische Kreuzform hingegen hat einen kürzeren Querbalken, und die römisch-katholischen Kathedralen daher ein Langschiff und ein deutlich kürzeres Querschiff; beides erinnert noch am ehesten an den Ursprung der Kreuzsymbolik – an ein Werkzeug zur Hinrichtung. Auch die T-Form ist so entstanden: Am Querbalken solcher Kreuze konnten die Opfer leicht festgebunden werden. Es gibt also viele Formen des christlichen Kreuzes, sagt hr-Kirchenredakteur Lothar Bauerochse: „Es gibt auch das so genannte Andreaskreuz, das wir heutzutage als Warnschild vor der Eisenbahnüberquerung haben. Eine Kreuzigungsform, bei der den Verbrechern die Arme und Beine gespreizt wurden; auch eher eine brutale Form."

Das russisch orthodoxe Kreuz hat sogar 3 Querbalken. Der kleine über dem Hauptquerbalken symbolisiert das Schild, das der römische Statthalter Pontius Pilatus über dem Ermordeten anbringen ließ – „Jesus von Nazareth, König der Juden", abgekürzt I.N.R.I. Lothar Bauerochse: „Die russisch-orthodoxe Kirche hat die Besonderheit, dass sie unten am Kreuz noch einen schräggestellten 2. Querbalken hat – er symbolisiert eine Fußstütze, auf die die Hingerichteten gestellt wurden."

In den ersten Jahrhunderten nach Christus gab es noch keine Kreuzdarstellungen: Das christliche Symbol war der Fisch. Noch trauten sich die Gläubigen nicht, den Sohn Gottes als leidendes Kreuzigungsopfer abzubilden. Dieses Tabu brachen sie erst im 6. Jahrhundert. (ric)

Warum ruhen die Zeiger der Bahnhofsuhr zur vollen Minute?

Bahnhofsuhren funktionieren im Prinzip wie Funkwecker: Sie fangen ein spezielles Radiosignal auf und werden dadurch mit der genauesten Uhr der Welt synchronisiert – mit der Atomuhr an der Physikalisch-Technischen Bundesanstalt in Braunschweig (PTB). Einen Unterschied aber gibt es zwischen Wecker und Bahnhofsuhr, sagt Dr. Andreas Bauch, er ist Leiter der PTB-Arbeitsgruppe Zeiteinheit: „Die Realisierung der Bahnhofsuhren ist so, dass die Funkempfänger an die einzelnen Uhren auf den Bahnsteigen nur Minutenimpulse abgeben. Und dieser Minutenimpuls löst aus, dass der Minutenzeiger um eins weiterspringt."

Mit anderen Worten: Beim Funkwecker läuft auch die Sekunde mit der Braunschweiger Atomuhr synchron. Bei der Bahnhofsuhr ist es nur die Minute; der Sekundenzeiger hört nicht auf das Funksignal. Ganz im Gegenteil: Er ist bewusst etwas schneller eingestellt: „Er läuft in weniger als 60 Sekunden einmal herum und wartet dann immer in der Stellung '12' auf den Minutenimpuls, mit dem er dann wieder losläuft."

Doch warum nur nötigt die Bahn ihren Sekundenzeigern diese Wartezeit auf? Bestimmt nicht, um die Fahrgäste zu irritieren, meint Andreas Bauch. Das Ruhen des Sekundenzeigers auf der '12' soll vielmehr den Schaffner ansprechen: „Man sieht dann besser den Beginn der Minute. Idealerweise sind diese Signale, die auf den Uhren der Bahnsteige angezeigt werden, das Signal für die Schaffner, die Freigabe des Zuglaufs zu machen." Will heißen: Der Schaffner soll möglichst genau sehen, wann eine neue Minute beginnt, damit er den Zug auch wirklich auf die Minute genau losfahren lassen kann. Ob dann aber der Zug auch pünktlich am Ziel ankommt, das ist – wie wir alle wissen – eine ganz andere Geschichte. (fg)

Für welche Schandtat büßt ein Lückenbüßer?

Als Lückenbüßer bezeichnet man einen Menschen, der die Stelle eines anderen einnimmt, der einspringt, wenn jemand ausgefallen ist. In diesem Sinne ist ein Lückenbüßer immer bloß zweite Wahl, er muss gleichsam von der Ersatzbank nachrücken. Doch ist es keine Strafe und auch nicht beschämend, eine Lücke zu füllen, die ein anderer hinterlassen hat: Warum also sollte ein Lückenbüßer dafür „büßen"?

Tatsächlich hatte der Begriff „Lückenbüßer" mit dem Büßen im heutigen Sinne ursprünglich gar nichts zu tun. Gerhard Müller ist Vorsitzender der Gesellschaft für Deutsche Sprache in Wiesbaden und weiß, dass die Lückenbüßer in früheren Zeiten aus dem Handwerk kamen: „Zugrunde liegt eine Lücke in der Mauer; das geht zurück auf die Maurer, die Lücken ausbessern mussten. Man macht eine Mauer bekanntlich schön und gerade: Es heißt also eigentlich 'Lückenverbesserer'. 'Büßen' ist hier zu verstehen als 'ausbessern'. Das ist die Ausgangsbedeutung vom Lückenbüßer. Heute bringt man das mit 'büßen' in Zusammenhang und versteht dann den Sinn der Redewendung nicht mehr."

Das Wort „büßen" bedeutet heute, dass man für etwas bestraft wird oder dass man eine Schuld abträgt. Früher meinte es auch schlicht: wiederherstellen, ausbessern. Gerhard Müller: „Ursprünglich, also vor mehr als tausend Jahren, hatten 'bessern' und 'büßen' denselben Ursprung. Es gibt zum Beispiel das alte Wort 'botjan' aus dem Gotischen, das sich zu 'ausbessern' entwickelt hat; aber auch das 'Bessern' im religiösen Sinne hat sich als Nebenzweig aus diesem alten Wort 'botjan' entwickelt. (gr)

Warum gibt es keine Zucht-Steinpilze?

Weil Pilz nicht gleich Pilz ist; ein Champignon hat andere Bedürfnisse als etwa ein Steinpilz, sagt Dr. Guido Albert. Er arbeitet in Bad Kreuznach beim Dienstleistungszentrum Ländlicher Raum für Rheinhessen, Nahe und Hunsrück. Der Pilzexperte züchtet auch privat Pilze: „Die einen Pilze sind auf lebende Baumwurzeln angewiesen. Das sind die so genannten Mykorrhiza-Pilze, Beispiele sind der Steinpilz und der Fliegenpilz. Und dann gibt es noch Pilze, die auf totem Material leben, zum Beispiel der Champignon, der Schopf-Tintling und noch viele andere Pilze, die man züchten kann."

Um beim Champignon zu bleiben: Er benötigt ein Substrat aus Pferdemist, Hühnermist und Stroh, und das Gemisch muss auch noch in mehreren Stufen kompostiert werden. Aber das Material, auf dem Champignons wachsen, ist und bleibt tot. Steinpilz, Pfifferling und Trüffel dagegen benötigen einen lebenden Baumpartner, aus dessen Wurzeln sie einige für ihre Ernährung wichtige Stoffe abzapfen – und dem Baum, sozusagen zum Ausgleich, ein paar andere Lebensstoffe zur Verfügung stellen; Symbiose nennt das der Fachmann. Deshalb findet man im Wald bestimmte Pilze auch nur unter bestimmten Bäumen, den Pfifferling zum Beispiel unter Fichten. Dr. Guido Albert: „Man hat schon einmal versucht, Pfifferlinge zu züchten, und zwar in Dänemark, im Rahmen einer Doktorarbeit. Es sind auch tatsächlich einige Pfifferlinge entstanden, im Topf mit kleinen Fichtensämlingen. Aber wenn man sich den Ertrag anschaut und den Aufwand, so lohnt sich das nicht."

Anders liegt der Fall dagegen bei Trüffeln. Trüffel werden derart teuer verkauft, dass in Italien tatsächlich Bäume gepflanzt werden, um Trüffel zu gewinnen: „Auch Trüffel sind auf lebende Wurzeln angewiesen. Daher werden kleine Eichensämlinge oder auch Haselnuss-Sämlinge mit vermehrungsfähigen Zellen der Trüffel beimpft. Dann bildet sich eine Art Symbiose aus, und nach zehn Jahren, wenn man Glück hat, wachsen Trüffel um diese Bäume herum." Guido Albert hat selbst den Kräutersaitling auf den Markt gebracht, der in Gesellschaft verschiedener Disteln lebt, sich aber auch mit toten Disteln begnügt. Prinzipiell ist es also nicht ausgeschlossen, dass eines Tages jemand die Bedürfnisse von Steinpilz und Co. so genau analysiert, dass diese Pilze auf den Baum als Lebenspartner verzichten könnten. (utz)

Warum soll man zwischen Weihnachten und Neujahr keine Wäsche waschen?

In vielen Regionen Deutschlands, Österreichs und der Schweiz galt früher die strikte Regel, zwischen Weihnachten und Neujahr keine Wäsche zu waschen. Wer das Verbot übertrat, der beschwor – so der Aberglaube – Unheil herauf. Das konnte je nach Region verschieden sein, erläutert Regina Bendix; sie ist Professorin für Volkskunde an der Universität Göttingen: „Man sagt, dass man, wenn die Wäsche zwischen Weihnachten und Neujahr im Freien hängt, im neuen Jahr jeden Tag waschen müsse. Es gibt ferner den Glauben, dass jemand sterben könnte, wenn man in dieser Zeit Wäsche waschen und aufhängen würde. Und es gibt den Glauben, dass dann die Wilde Jagd vorbeiziehen werde, und die Hunde der Wilden Jagd würden die Wäsche zerreißen."

Wilde Jagd: So hieß im Volksglauben ein Geisterheer, das nachts durch die Luft brauste. Hinter dem Glauben an das Unheil steckt, so Regina Bendix, eigentlich ein Gebot der mittelalterlichen Kirche: Die zwölf heiligen Tage zwischen dem 25. Dezember und dem 6. Januar sollten feierlich begangen werden: „Man darf annehmen, dass die kirchliche Obrigkeit den Menschen nahe legte, sich dann auch nicht mit der Arbeit zu versäumen, sondern sich in Besinnung und in der Freude an Christi Geburt zu ergehen. Es hat mit Bestimmtheit Verordnungen gegeben, dass man in jener Zeit, in diesen zwölf Tagen, nicht waschen soll."

Eine solche Verordnung war natürlich besonders wirksam, wenn man damit rechnen musste, mit ihrer Übertretung die unsichtbare Welt gegen sich aufzubringen. Prof. Regina Bendix: „Es ist ja so, dass obrigkeitliche Verordnungen sich oft in Glaubensvorstellungen umwandelten. Die Leute wussten nicht ein Dekret auswendig, sondern man hat es sich irgendwie mit bestehenden sagenhaften oder gerüchtehaften Erklärungen in Erinnerung gerufen."

Gleichzeitig bestärkte der Aberglaube die soziale Kontrolle in den Dörfern. Früher wurde die Wäsche auch im Winter meist draußen aufgehängt – also für jeden sichtbar. Eine Hausfrau hätte ihren guten Ruf riskiert, wenn sie ihre Arbeitszeit nicht so einteilen konnte, dass Feiertage auch wirklich Feiertage waren. (fe)

Was unterscheidet Viren von Bakterien?

Hinter dem einfachen Schnupfen und dem tödlichen Aids stecken Viren, aber auch hinter Warzen und Windpocken. Wenn sich dagegen der Nasenschleim bei einem Schnupfen grünlich verfärbt, oder wenn eine Wunde gelblich eitert, dann sind das Bakterien, die sich massenhaft vermehrt haben. Aber auch Joghurt und Essig werden von Bakterien produziert, Bakterien sind also nicht nur lästig. Beide – Bakterien wie Viren – sind winzig klein, aber bei Viren kann man sogar streiten, ob sie überhaupt leben, sagt Dr. Johannes Löwer. Er leitet das Paul-Ehrlich-Institut in Langen bei Darmstadt: „Das Kennzeichen für ein Virus ist, dass es keinen eigenen Energiestoffwechsel hat. Einfach ausgedrückt: Ein Virus kann weder essen noch trinken. Selbst Einzeller und Bakterien nehmen Nahrung auf, bauen die Nahrung ab und gewinnen dadurch Energie. Das können Viren nicht, und dadurch unterscheiden sie sich von allen Lebewesen.“ Und deshalb können nicht einmal Antibiotika gegen Viren etwas ausrichten.

Viren sind immer darauf angewiesen, andere Lebewesen auszubeuten. Sie können nicht selbstständig leben, sondern dringen in fremde Zellen ein, um sich mit deren Hilfe zu vermehren. Die Folgen erleben wir als Krankheit: als Mumps oder Röteln, als Kinderlähmung, Tollwut oder Influenza. Ein Virus besteht im Prinzip aus nichts anderem als einem Stückchen Erbsubstanz mit einer Hülle drum herum. Die Erbsubstanz enthält nur ganz wenige Gene, aber sie geben stets diesen Befehl an die infizierte Zelle: Vermehre mich!

Vor Jahrmillionen waren diese Gene Teil des Erbguts eines anderen Lebewesens, aber sie haben sich – eben in Form des Virus – irgendwann selbstständig gemacht. Dr. Johannes Löwer: „Viren sind nicht die Urformen des Lebens, sondern immer Parasiten. Es sind gewissermaßen Nebenprodukte der Lebensentwicklung, vagabundierende Gene.“ Bakterien hingegen können eigenständig leben; auch sie sind allerdings so klein, dass man sie nur unter einem Mikroskop erkennen kann. Und weil Bakterien zu den Lebewesen gehören – zusammen mit Pflanzen und Tieren – haben auch Bakterien häufig unter Viren zu leiden. (utz)

Lutherisch, reformiert, uniert: Was ist der Unterschied?

Zunächst das Gemeinsame: Alle drei sind Protestanten. Bei den Lutheranern ist die Herkunft klar: Sie gehen auf Martin Luther zurück. Luther hatte – anfangs wider Willen – die christliche Kirche gespalten und so den Protestantismus begründet. Doch der Protestantismus zeigt eine Tendenz, sich immer weiter aufzuspalten. Deswegen gibt es unter anderem die Reformierten, erklärt Lothar Bauerochse; er ist Kirchenredakteur im Hessischen Rundfunk: „Die Reformierten beziehen sich auf hauptsächlich zwei Reformatoren, die in der Schweiz gewirkt haben. Der eine ist Ulrich Zwingli, er war Priester in Zürich; der zweite ist Johannes Calvin, er hat in Genf reformatorisch gewirkt."

Die Reformierten legen großen Wert auf die Predigt im Gottesdienst, und in ihren Kirchen gibt es kaum Bilderschmuck. Der größte Unterschied besteht aber beim Abendmahl: Bei den Katholiken wird das Abendmahl ja so verstanden, dass sich Brot und Wein in Fleisch und Blut von Jesus Christus verwandeln. Lothar Bauerochse: „Die Extremposition demgegenüber wäre das reformierte Verständnis, wo Brot und Wein nur Symbole sind; sie haben keine materielle Wirkung oder Verwandlung. Das lutherische Verständnis könnte man in der Mitte ansiedeln, es besagt: Die verändern sich nicht materiell, aber indem der Gläubige das Abendmahl einnimmt, ist Christus tatsächlich präsent."

Die Unterschiede zwischen Lutheranern und Reformierten sind aber nicht so groß, wie zwischen ihnen und den Katholiken, sodass sie ohne Weiteres gegenseitig auch den Abendmahlsgottesdienst besuchen können. Das hat zu der Idee der „Union" geführt: Die Unierten sind nämlich keine weitere Abspaltung des Protestantismus, sondern das genaue Gegenteil: „Die 'Union' oder die 'unierten Kirchen' sind eine Entwicklung des 19. Jahrhundert. Damals hatte der Kaiser angeordnet, dass lutherische und reformierte Gemeinden, die ja manchmal benachbart waren, zusammenfinden zu größeren Einheiten – unbeschadet des Bekenntnisses."

Jeder bleibt bei seinen Eigenheiten und Überzeugungen, und trotzdem feiert man gemeinsam Gottesdienst: Dies könnte eines Tages auch ein Modell sein für das Zusammenleben von Protestanten und Katholiken. (utz)

Was sucht die Faust hinter den Ohren?

Das Ohr taucht in Redewendungen häufig auf: Man kann bis über beide Ohren verliebt sein oder in der Arbeit stecken; man kann mit den Ohren schlackern oder sich etwas hinter die Ohren schreiben. Und wenn man sagt, jemand habe es „faustdick hinter den Ohren", dann bezeichnet dies einen verschmitzten oder durchtriebenen Menschen. Welche Vorstellung hinter dieser Redeweise steckt, weiß Dr. Gerhard Müller von der Gesellschaft für deutsche Sprache in Wiesbaden. Die Erklärung führt ins Mittelalter: „Und zwar wohl zur alten, vorwissenschaftlichen, volkstümlichen Schädellehre. Man hat ja auch später noch aus der Schädelform auf vieles geschlossen, auch noch in der Goethezeit – Phrenologie hieß das. In der volkstümlichen Schädellehre, die dem Aberglauben recht nahe steht, dachte man, dass die Wülste, die man hinter den Ohren hat, um so dicker sind, je mehr Verstand jemand hat. Es wurde aus der Schädelform etwas Positives geschlossen auf die Verstandestätigkeit, auf die Verschlagenheit. Wenn jemand es faustdick hinter den Ohren hatte, dann hatte der auch was im Kopf."

Warum in dieser Redewendung der Ausdruck „faustdick" verwendet wird, lässt sich ebenfalls leicht erklären: „faustdick" war früher ein übliches Maß. Dr. Gerhard Müller: „Wir haben ja heute die metrischen Einheiten; früher gab es aber auch die Elle – die Länge des Unterarms hat also ein Maß abgegeben –, und so konnte man mit diesem Maß rechnen." Faustdick war also weniger als eine Elle, aber mehr als „ein Daumen breit".

Die Vorstellung, dass Verstand und Gedächtnisfähigkeit hinter den Ohren sitzen, zeigt sich auch in einem alten Rechtsbrauch. So pflegte man in der Frühzeit bei Vertragsabschlüssen Knaben als Zeugen mit einzubeziehen. Diese Knaben kniff man in die Ohren, zog kräftig daran und versetzte ihnen auch Ohrfeigen. Durch diese Misshandlungen, so glaubte man, fördere man die Gedächtnisaktivität – die Knaben könnten sich daher noch im Alter an die festgelegten Vertragsbedingungen erinnern. Und womöglich hat das sogar funktioniert, auch wenn die anatomischen Grundannahmen völlig unsinnig waren. Vor jeder Nachahmung wird gleichwohl dringend abgeraten. (gr)

Wie viele Atome gibt es in unserer Milchstraße?

Autos, Häuser, Menschen, ja selbst die Luft – alle Materie besteht aus Atomen. Da muss sich natürlich auch unsere gesamte Milchstraße aus Atomen zusammensetzen. Gezählt hat sie Prof. Harald Lesch von der Universitätssternwarte München: „Die Antwort lautet: 10^{67} bis 10^{68}. Also ziemlich viel."

Das kann man wohl sagen. 10^{67} – das sind 10.000 mal 1 Trilliarde mal 1 Trilliarde mal 1 Trilliarde, oder anders gesagt: eine 1 mit 67 Nullen. Und das sieht so aus:

10000000000000000000000000000000000000000000000000000000000000000000.

Bei einer solchen Zahl versagen auch die Vorstellungskräfte des Vollakademikers Prof. Harald Lesch: „Solche Riesenzahlen sind jenseits von gut und böse."

Doch wie er auf die 10^{67} Atome kommt, das zu erklären vermag der Astronomieprofessor durchaus: „Das lässt sich ganz einfach ausrechnen. Jeder Stern muss mindestens 10^{54} Atome haben, damit er anfangen kann zu strahlen." Nun enthält die Milchstraße etwa 100 Milliarden Sterne, und 100 Milliarden multipliziert mit 10^{54}: Das ergibt 10^{65} Atome allein schon für die Sterne in der Milchstraße. Doch auch wenn es buchstäblich so scheint – eine Galaxie besteht durchaus nicht nur aus leuchtenden Sternen: „Gehen wir davon aus, dass es noch viel, viel mehr Gas in der Milchstraße gibt als wir in Sterne gepackt vorfinden, dann landen wir ungefähr bei 10^{67} pro Milchstraße."

Damit aber zählt unsere Milchstraße längst nicht zu den größten Galaxien im Weltall; die nämlich sind noch einmal um das Zehnfache schwerer, besitzen also zehnmal mehr Atome als unsere Milchstraße. Prof. Harald Lesch: „Und dann kann man sogar hochrechnen, was die Anzahl sämtlicher Elementarteilchen im Universum ist – das müssten so 10^{80} sein." Schließlich ist unsere Milchstraße nicht die einzige im Kosmos – es gibt ja noch 100 Milliarden andere. So ungefähr zumindest. (fg)

Können Zecken im Heu überleben?

Weit verbreitet ist auch heute noch der Irrglaube, Zecken lauerten in den Baumkronen auf ihre Opfer: Halte sich ein Mensch unter einem Baum auf, ließen sich die Blutsauger von oben auf ihr potenzielles Opfer herabfallen. In Wirklichkeit lauern die Zecken dem Menschen und anderen Säugetieren in Bodennähe auf – zum Beispiel an Gräsern, Büschen oder Sträuchern. In der Regel allerdings nicht auf offener Wiese, sodass auch im Heu einer gemähten Wiese kaum mit Zecken gerechnet werden muss, erläutert Dr. Matthias Werner; er ist Biologe an der Staatlichen Vogelschutzwarte Hessen, Saarland und Rheinland-Pfalz: „Die Gefahr ist eigentlich sehr gering, wenn man Heu mit nach Hause bringt (oder Tierfutter), dass man sich dabei Zecken mitbringt. Es ist so, dass man Zecken in Wiesenbereichen so gut wie gar nicht findet, sondern bestenfalls im Waldwiesenbereich, wo Laubwald und feuchte Milieus im Umfeld sind. Denn Zecken haben – wie viele andere Spinnentiere auch – immer das Problem, dass sie sich vor dem Austrocknen schützen müssen. Und eine Wiese, die gemäht wird, ist ja oft im Sommer sehr trocken. Insofern überstehen das die Zecken in der Regel nicht."

Aufpassen sollte man hingegen, wenn man im Wald auf grasbewachsenen Wegen entlang läuft. Dr. Matthias Werner: „Dort sitzen mit ganz großer Regelmäßigkeit Zecken an den Enden dieser Vegetation und versuchen, vorbeigehende Menschen oder ein anderes Opfer anzugehen – es kann ja auch ein anderes größeres Säugetier sein, ein Hund zum Beispiel – um sich eine Blutmahlzeit zu gönnen."

Beim Entfernen einer Zecke sollte man darauf achten, ihren Hinterleib nicht zu quetschen. Ferner sollte man darauf verzichten, die Zecke mit irgendwelchen Substanzen einzuschmieren. Diese oft empfohlene Behandlung kann nämlich zur Folge haben, dass die Zecke vor Schreck ihren Mageninhalt samt möglichen Krankheitserregern in die Wunde abgibt. (bse)

Seit wann wird in Deutschland Erdöl gefördert?

Kleintexas liegt in Niedersachsen, in Wietze bei Celle; zumindest wurde diese Gegend um 1910 so genannt: Rund 30 Bohrunternehmen hatten sich dort angesiedelt. 1.500 Menschen arbeiteten im Ölfeld, sie brachten 80 Prozent der deutschen Erdölförderung zutage. Susanne Habel ist Direktorin des Erdölmuseums von Wietze: „Das war die Boomphase, als es hier über 2.000 Bohrungen gegeben hat.“ Das Know-how ist in der Gegend geblieben, das Öl auch, nur die Förderung ist inzwischen zu teuer geworden: Wietze wurde 1963 stillgelegt. Viele Service- und Bohrzubehörfirmen haben aber dort auch heute noch ihren Sitz, auch eine Schule für Bohrtechnik.

Schon seit dem 17. Jahrhundert hatten die Bauern das Erdöl genutzt, weiß Susanne Habel: „Wir sind ja hier in der südlichen Lüneburger Heide, der Untergrund ist sandig, daher ist das Erdöl in den oberflächlich stehenden Sand eingedrungen, und man hatte dann manchmal eine dunkle Pampe auf dem Acker.“ Aus dem gehärteten Erdöl, dem so genannten Pech, stellten die Bauern Schmiermittel für ihre Wagen und Mühlen her; sie verwendeten es aber auch als Heilmittel: zum Desinfizieren von Wunden und – eingenommen – gegen Würmer. Aber erst 1858 war die Technik so weit entwickelt, dass man in Wietze nach Öl auch bohren konnte. Susanne Habel: „Das war eine der ersten Bohrungen in Europa, und sie hing ganz klar mit der Erfindung der Petroleumlampe zusammen. Man hat damals gezielt nach Erdöl gesucht.“

Anfang der 1930er-Jahre löste das so genannte Reichsbohrprogramm einen zweiten Bohrungsboom aus: Die Nazi-Regierung wollte Deutschland unabhängig von ausländischen Öl-Lieferungen machen; man fand tatsächlich weitere Lagerstätten, vor allem in der norddeutschen Tiefebene.

Heute wird nur noch im Emsland etwas Öl, vor allem aber Erdgas gefördert. Außerdem gibt es die Bohr- und Förderinsel Mittelplate im südlichen Teil des Schleswig-Holsteinischen Wattenmeeres, das als Nationalpark Schleswig-Holsteinisches Wattenmeer seit 1985 unter Schutz steht. Die Eigenproduktion von Öl liegt in Deutschland heute bei zwei bis drei Prozent. (ric)

Wie geheim war der Geheimrat?

Der wohl bekannteste Geheimrat war Johann Wolfgang Goethe; mit 30 Jahren wurde er in Weimar von Herzog Carl August zum Geheimrat ernannt – der „höchsten Ehrenstufe die ein Bürger in Teutschland erreichen kann“, schrieb Goethe damals an Charlotte von Stein. Der Titel „Geheimrat“ hatte allerdings wenig mit Heimlichkeiten zu tun; das Adjektiv „geheim“ wurde damals vielmehr im Sinne von „vertraut, zum Heim gehörig“ verwendet. Es war ein Titel für Personen, die nicht-öffentlich einen Landesherrn oder Monarchen persönlich berieten; auch der Sekretär nannte sich in früheren Zeiten „der Geheimschreiber“. Der Titel Geheimrat entstand Anfang des 17. Jahrhunderts, weiß Fritz Reichardt, er ist Politikredakteur beim Hessischen Rundfunk: „Als die Fürsten noch allein regierten und keine Regierungen hatten, sondern Beratungsgremien, da waren das ‘Geheime Räte’, und die Mitglieder dieser ‘Geheimen Räte’ waren Geheimräte. Da hat der Begriff seinen Ursprung.“

Später wurde „Geheimrat“ hohen Beamten, Künstlern und Industriellen als Ehrentitel verliehen. In Abgrenzung zum reinen Ehrentitel hieß ein Amtsträger dann „Wirklicher Geheimrat“, anzureden als „Exzellenz“. Fritz Reichardt: „Gegen Ende der monarchischen Zeit in Deutschland waren dann ‘Geheimräte’ im Grunde Ministerialbeamte, Geheime Justiz-, Finanz- und Regierungsräte, wobei das ‘Geheime’ nur noch ein Anklang an die Vergangenheit war. Letztlich war es nur noch eine voluminöse Amtsbezeichnung für Leute, die in der Ministerialbürokratie tätig waren.“

Die erste deutsche Demokratie, die Weimarer Republik, hat dann 1919 den „Geheimrat“ auch per Gesetz abgeschafft. In der Zeit nach dem Zweiten Weltkrieg kamen viele alte Ehrentitel wieder zum Vorschein, doch der Geheimratstitel wurde seit 1919 nicht mehr verliehen. Heute existieren daher nur noch die gleichnamigen Ecken, und es gibt den „Geheimrat Oldenburg“ – das ist ein Apfel, rotgelb und süß-sauer. (gr)

Wie dick ist das Eis am Nordpol?

Der – im wörtlichen Sinne – grundlegende Unterschied zwischen der Arktis und der Antarktis ist deren Untergrund: In der Antarktis ist das eine gewaltige Landmasse, groß wie ein ganzer Kontinent. In der Arktis ist es schlicht Wasser. Über dem Südpol kann sich daher der Schnee zu gewaltigen Eismassen auftürmen – an den mächtigsten Stellen bis zu vier Kilometer dick.

Ganz anders ist die Situation im Norden: Das Eis am Nordpol ist nichts anderes als die zugefrorene Oberfläche des Meeres, und diese arktische Eisschicht ist – verglichen mit dem Eispanzer der Antarktis – erstaunlich dünn, erläutert Dr. Christian Haas vom Alfred-Wegener-Institut für Polar- und Meeresforschung in Bremerhaven: „Das Eis am Nordpol ist zwei bis drei Meter dick. Wobei es große Flächen gibt, die ungefähr 2,5 m dick sind und einzelne Stellen, an denen das Eis 10–20 Meter hoch werden kann."

Diese Stellen werden als Presseis-Rücken bezeichnet – mächtige Eisbarrieren, die schon vielen Arktis-Expeditionen schwer zu schaffen gemacht haben. Ihre Entstehung verdanken sie letztlich dem Wind: „Das liegt daran, dass das Eis nur eine dünne Haut ist auf dem Ozean, die in einzelne Eisschollen zerbricht. Diese Eisschollen werden vom Wind umhergetrieben, so dass sich das Eis ständig in Bewegung befindet. Wenn die Eisschollen zusammenstoßen, brechen einzelne Blöcke an den Rändern ab und werden zu diesen Presseisrücken aufgetürmt."

Interessant ist in der Arktis auch der Gefrierprozess des Meerwassers und vor allem dessen Folgen: Denn was wir alle spätestens in der Schule gelernt haben, dass der Gefrierpunkt von Wasser bei 0 °C liegt, trifft auf Meerwasser nicht zu. Grund ist der Salzgehalt des Meeres, der den Gefrierpunkt des Meerwassers senkt, auf –1,8 °C. Da die Salze nicht in das Kristallgitter des Eises eingebaut werden können, reichert sich das Salz im Wasser des arktischen Ozeans immer mehr an. Das Oberflächenwasser wird dadurch schwerer und sinkt in gewaltigen Strömen in die Tiefe. Wasser aus anderen Meeresregionen fließt nahe der Oberfläche nach – und ein gewaltiger Kreislauf wird in Gang gesetzt: der Golfstrom, dem wir das milde Klima in Nord- und Mitteleuropa zu verdanken haben. (bse)

Wann verderben Tiefkühlprodukte?

Wenn man sie auftaut und dann unbeachtet liegen lässt – aber das meinen wir hier nicht. Die Frage ist vielmehr: Wie schnell verderben Tiefkühlprodukte, wenn das Mindesthaltbarkeitsdatum überschritten ist? Hierauf ist die Antwort allerdings auch ganz einfach: Bei –18 °C können Lebensmittel gar nicht verderben.

Nehmen wir zum Beispiel eine Salamipizza: Selbst bei strengster Hygiene finden sich darauf unzählige Mikroorganismen, also Bakterien und Schimmelpilze. Gefährlich für den Menschen wird es aber erst, wenn sie sich hemmungslos vermehren: Hierfür benötigen sie neben Nährstoffen und Feuchtigkeit vor allem die passende Temperatur. Im Tiefkühlfach herrscht die aber gerade nicht: Krankmachende Keime wie etwa Salmonellen und Staphylokokken fallen spätestens bei –5 °C in eine Kältestarre. Schimmelpilze hören bei ungefähr –12 °C auf, sich zu vermehren. Auch wenn im Durchschnitt neun von zehn Keimen die Kältekammer überleben: Während der Eiszeit herrscht Ruhe in der Truhe.

Trotzdem schmeckt eine überlagerte Pizza schlechter als eine mit noch langer Mindesthaltbarkeit, denn sie besteht – wie die meisten Lebensmittel – zum Großteil aus Wasser, und wenn Wasser gefriert, bilden sich Eiskristalle. Entscheidend ist: Je schneller die Pizza durchfriert, umso kleiner fallen die Eiskristalle aus. Das ist gut, denn kleine Kristalle verteilen sich besser im Zellgewebe von Salami und Zwiebel. Das Schockfrosten beim Hersteller sorgt also dafür, dass die Eiskristalle anfangs klein sind.

Leider sind die winzigen Eiskristalle bei –18 °C nicht gern allein; sie schließen sich mit der Zeit zu immer größeren Kristallen zusammen. Diese Kristall-Klumpen zerstören allmählich die Zellen von Salami und Zwiebel. Schon in der gefrorenen Pizza bildet sich daher ein Wasser-Zellsaft-Gemisch, das beim Aufwärmen verdampft: Die Pizza trocknet aus und schmeckt deshalb fade, weil auch Vitamine, Farbstoffe und Aromen mit der Zeit langsam aber unweigerlich zerstört werden. Deshalb sind Tiefkühlprodukte nach Ablauf der Mindesthaltbarkeit zwar noch essbar, aber nicht mehr besonders wohlschmeckend. Das Mindesthaltbarkeits-Datum nennt also im Prinzip genau jenen Termin, an dem das Lebensmittel gerade noch so gut schmeckt wie am Tag nach dem Einfrieren. (hüt)

Wer hat das Herz-Symbol erfunden?

Das Herz steht für Liebe, für Gefühl, für den Sitz der Seele. Schon früh haben die Menschen begonnen, das Organ symbolisch darzustellen, erklärt Sabine Kübler, die Leiterin des Rosenmuseums in Bad Nauheim-Steinfurth: „Es gibt Darstellungen des Symbols in Kunst und Kultur, auf Textilien. Es wird davon ausgegangen, dass das Symbol im Zweistromland, also im Vorderen Orient seinen Ursprung hat. Es gibt Nachweise auch in der ägyptischen Kultur, bei den alten Griechen. Es gibt das Herz sicher schon vor Christi Geburt, und es ist dann in die christlichen Kulturen übergegangen."

Doch das Herz, das es bereits in der Antike gab und das auch in der Bibel sinnbildlich aufscheint, war seinerzeit noch nicht so abstrakt, wie wir es heute kennen. Es besaß noch Ecken und war noch nicht ganz so stilisiert wie heute: Das Herz mit den spiegelbildlichen Seiten ist erst ungefähr fünf Jahrhunderte alt, weiß Privatdozent Dr. Siegfried Becker; er ist Volkskundler an der Marburger Universität: „Dieser Abstraktionsprozess macht es relativ leicht, es auch zeitlich zu verorten. Nämlich im ausgehenden Spätmittelalter und in der frühen Neuzeit. Da erst haben wir bildlich die Symbolik des Herzens als Herz Jesu. Es steht in Zusammenhang mit der Bewegung der Herzjesu-Verehrung, die im Hochmittelalter einsetzt und im Spätmittelalter bedeutende Aktualität bekommt."

Zu Beginn des 16. Jahrhunderts war das Symbol dann vermutlich in der christlichen Welt allseits bekannt. Sabine Kübler vom Wetterauer Rosenmuseum erläutert das Symbol: „Vermutet wird, dass das Herz ein ähnliches Symbol darstellt wie das Yin- und Yang-Zeichen im Osten; dass es die Einheit des männlichen und des weiblichen Lebensprinzips symbolisieren soll und auch die androgyne Doppelnatur des Lebens, die Ganzheit – die Einheit – bildhaft darstellt."

Heute dürfte das Herzsymbol auf der ganzen Welt verbreitet sein. In vielen Bereichen des täglichen Lebens taucht es auf – im Kartenspiel, in den „herzlichen Grüßen" und bei jeder Hochzeitsfeier – überall ist die Herzsymbolik präsent. (ed)

Konnten die alten Römer malnehmen und teilen?

Römische Zahlen zeichnen sich vor allem durch ihre Länge aus, zum Rechnen aber sind sie denkbar ungeeignet. Die Buchstabenfolge MDCCLXVII beispielsweise bezeichnet das Jahr 1767: „Römische Zahlen kann man als Jahreszahlen in Marmor meißeln, Addieren geht zur Not noch, aber Multiplizieren und Dividieren kann man mit diesen Zahlen überhaupt nicht" – sagt der Gießener Mathematiker Prof. Albrecht Beutelspacher. Er geht aber davon aus, dass die alten Römer dennoch malnehmen und teilen konnten: „Man kann nicht das Kolosseum bauen oder ein Weltreich verwalten, ohne wenigstens zu multiplizieren und ab und zu auch zu dividieren. Vermutlich haben sie ihr Rechengerät dazu benutzt, nämlich den Abakus."

Der Abakus ist – ohne dass man das damals beachtet hat – ein Gerät auf Basis des Dezimalsystems, also eine im Grunde sehr moderne Rechenhilfe (und deswegen auch heute noch in Russland und China im Einsatz). Ein Abakus besteht aus einem rechteckigen Rahmen mit diversen parallelen Stangen, auf denen Perlen aufgereiht sind. Jede Stange steht für einen Stellenwert: zum Beispiel Hunderter, Zehner, Einer, und eine Perle beispielsweise auf der Hunderter-Stange für „100". Je nach Stange und Anzahl der auf ihr verschobenen Perlen kann man Zahlen auf dem Abakus darstellen: Drei verschobene Perlen auf der Zehner-Stange und zwei auf der Einer-Stange stehen für: 32.

Das Addieren ist mit dieser Rechenhilfe kinderleicht, das Subtrahieren muss gut geübt werden, aber das Malnehmen und Teilen ist per Abakus ausgesprochen schwierig. Prof. Albrecht Beutelspacher: „Nach allem, was wir wissen, hatten die alten Römer ein sehr trickreiches System zur Multiplikation. Es basierte darauf, dass man nur Addieren und Verdoppeln muss. Wenn ich eine Zahl mit acht multiplizieren möchte, dann addiere ich diese Zahl zu sich selbst – jetzt habe ich mit 2 multipliziert – und verdoppele noch mal und noch mal. So brauche ich nur drei Additionen, um die Multiplikation mit Acht zu machen."

Das Dividieren mit dem antiken Taschenrechner war sicher mühsamer. Mit welcher Methode die Römer früher dividierten, sei aber nicht überliefert. Prof. Albrecht Beutelspacher: „Man kann damit dividieren, allerdings sind dafür die Quellen noch dürftiger als für das Multiplizieren, da beginnt der Nebel der Geschichte ganz dick zu werden. (gr)

Wann wurden bei uns die Nachnamen üblich?

Die indianischen Namen „Großer Bär“ oder „Der mit dem Wolf tanzt“ erscheinen uns heute exotisch, aber genau aus dieser Tradition stammen auch unsere Vornamen, sagt der Frankfurter Sprachwissenschaftler Prof. Ernst Erich Metzner: „Das war schon in der Antike so. Nehmen Sie den berühmten Cicero; das heißt: ‘derjenige, der aussieht wie eine Kichererbse’.“ Auch urdeutsche Namen sind redende Namen: „‘Diet’ bedeutet ‘Volk’ (das ist derselbe Wortstamm, der im Wort ‘deutsch’ vorkommt) und ‘rich’ bedeutet ‘König’ – dasselbe Wort wie lateinisch ‘rex’. Dietrich bedeutet also: Man wünscht ihm, dass er im Volk König sein möge.“

Sowohl beim Erbrecht als auch in der Namengebung wurden bis vor kurzem die Männer bevorzugt: Das war eine alte indoeuropäische Tradition. Doch es gab Ausnahmen, weiß Prof. Ernst Erich Metzner: „Wenn zum Beispiel jemand im Haushalt einer angesehenen Witwe aufgewachsen ist, dann wurde er beispielsweise so benannt: Maiensohn oder Mariensohn; aber das war sehr selten.“ Deshalb gibt es heute kaum weibliche Vornamen als Familienname, wohl aber viele männliche: Willemsen/Wilhelmsohn, Karlson, Friedrichsen, Johnson...

Solche Nachnamen waren aber bis ins 12. Jahrhundert ganz unüblich, man begnügte sich mit Vornamen. Erst als im 14. Jahrhundert der überregionale Handel und die Einwohnerzahlen der Städte zunahmen, wurde die Unterscheidung der Personen schwieriger; daher wurden den Rufnamen zusätzliche Erläuterungen angefügt: So konnte der Hubschmid-Paul (Hufschmied) vom Müller-Paul, der Schneider-Helge vom Holz-Helge und der Ochsenknecht-Uwe vom Scheel-Uwe (dem schielenden Uwe) unterschieden werden. Die Einführung der Nachnamen vollzog sich daher in den Städten schneller als in den Dörfern, und bei den wohlhabenden Bürgern früher als bei den Bauern und den Bediensteten.

Erst seit 1794 war zum Beispiel in Preußen das Führen beider Namen auch auf den Dörfern Pflicht, in Friesland sogar erst im 19. Jahrhundert: „Wenn Sie Romane von Fontane lesen, ‘Effi Briest’ etwa, dann hat Effi einen Vornamen und einen Familiennamen. Aber wenn Sie nach den Zunamen der Bediensteten fragen, da fragen Sie sich vergeblich, die heißen schlicht Stien oder Anne.“ (ric)

Haben Ratten im Mittelalter die Pest übertragen?

Ja, natürlich, werden Sie sagen – das weiß doch heute jedes Kind. Und tatsächlich: Dass Ratten die Pest übertragen können, ist (spät zwar, aber immerhin) um 1900 zweifelsfrei nachgewiesen worden. Überdies gibt es von Pestausbrüchen in Asien sehr genaue Berichte, dass einem Pestausbruch immer ein großes Rattensterben vorausging.

Ein großes Rattensterben? Das irritiert Sie womöglich: Solche Berichte gibt es nämlich aus dem europäischen Mittelalter nicht. Obwohl im 14. Jahrhundert jeder dritte Europäer an der Pest starb, ist nie – kein einziges Mal – ein Rattensterben überliefert worden.

Wegen des Fehlens einschlägiger Berichte spricht daher alles dafür, dass es seinerzeit auch kein Rattensterben gegeben hat. Viele Historiker glauben deswegen (und aus vielen anderen guten Gründen), dass die großen Pestzüge des Mittelalters und jene Krankheit, die durch Bakterien mit dem Namen Yersinia pestis verursacht wird (und die wir heute unter dem Namen Pest kennen), gar nicht ein und dieselbe Krankheit sind.

Im Mittelalter selbst wurde übrigens die Bezeichnung „großes Sterben“ oder „große Pestilenz“ benutzt, die Rede vom „schwarzen Tod“ kam erst viel später auf. (utz)

Wie alt ist die „Aale Wurscht“?

„Aale Wurscht“ gibt es nur in Nordhessen – und man kann sich lange drüber streiten, ob man sie besser „Ahle Wurscht“ oder gar „Aale Worscht“ schreiben sollte. In Kassel und Umgebung kennen sich Metzgermeister mit dieser Spezialität aus, egal wie sie geschrieben wird. Alfred Hack, Ehrenobermeister bei der Fleischerinnung Hofgeismar: „Das ist ein Traditionsname, das ist der nordhessische Dialekt: Wurscht; und ‘aale’ heißt ja eigentlich ‘alte’. Das kommt aus früheren Jahren, weil das die Wurst war, die am längsten vom hausgeschlachteten Schwein da war.“

Einige nordhessische Metzgereien haben sich mittlerweile auf die Produktion von Aale Wurscht spezialisiert. Die Deutsche Landwirtschaftsgesellschaft prämiert die besten Würste – und die Metzgerei von Alfred Hack hat sogar schon eine Goldmedaille für ihre Aale Wurscht erhalten: „Diese ‘alte Wurst’ ist eine Qualitätswurst, in die die besten Fleischstücke hineinkommen, und die auch nur von ein bisschen älteren Schweinen gemacht wird, die dunkles Fleisch haben. Die Verarbeitung war in der Regel schlachtfrisch. Am selben Tag wurde das noch gewurstet. Und dann muss diese Wurst gepflegt werden, monatelang. Sie darf nicht anlaufen. Sie muss in den richtigen Räumen hängen – nicht zu kalt, nicht zu warm, nicht zu feucht, auch nicht im Keller. Wenn diese Wurst im ersten Vierteljahr in den richtigen Räumen hing, konnte sie über den Sommer aushalten, bis zum Herbst.“

Die Aale Wurscht besteht aus Schweinefleisch und erinnert eher an Servelatwurst als an Salami. Alfred Hack: „Wie Hackfleisch, wie schönes mageres Hackfleisch, als Wurst gewürzt – und das lange getrocknet. Das wäre eine Erklärung für den Laien.“ Da die Würste im Laufe der Monate meist mehr als die Hälfte ihres Gewichts verlieren, ist die nordhessische Spezialität entsprechend teuer. Die Trocknungszeiten sind unterschiedlich, je nachdem, wie dick die Wurst ist: „Es gibt Leute, die machen eine dünne runde Wurscht – die ist in drei, vier Wochen fertig. Dann gibt es Kaliber 40, die braucht zwei bis drei Monate, und dann gibt es ein 60er-/70er-Kaliber, die braucht schon vier, fünf Monate. Die noch dickeren Kaliber brauchen bis zu einem Jahr. Beim Hausschlachten ist es oft so: Wenn Sie schon das nächste Schwein schlachten, im Dezember, dann wird noch die Wurst vom vorigen Schwein angeschnitten.“ (ed)

Gibt es irgendwo im Weltraum „nichts“?

Der Raum zwischen den Sternen ist gar nicht so leer, wie man glauben könnte. Zumindest eine geringe Spur von Materie befindet sich überall, auch wenn die Dichte dieser interstellaren Materie in der Regel viel geringer ist als im besten Laborvakuum. So finden sich in der Nähe des Sonnensystems in jedem Liter Weltraum gerade mal 100 Atome, zumeist ist es Wasserstoffgas. Zwischen diesen Teilchen müsste dann natürlich das reine Nichts herrschen – ein perfektes Vakuum also.

Aber Vorsicht: So leer, wie es eigentlich sein sollte, ist dieses Vakuum gar nicht. Genau betrachtet nämlich hat das Vakuum einiges an Energie gespeichert. Und hin und wieder macht diese Energie auf sich aufmerksam – und zwar mit merkwürdigen Phänomenen, mit so genannten Quantenfluktuationen. So können buchstäblich aus dem Nichts heraus unvermittelt subatomare Teilchen entstehen, um nach unmessbar kurzer Zeit wieder im Vakuum zu verschwinden. Und obwohl ihre Lebensdauer unmessbar kurz ist, lässt sich ihre Existenz dennoch beweisen: Die Geisterteilchen nämlich tragen eine elektrische Ladung und können damit das elektrische Feld von anderen, richtigen Teilchen abschirmen – ein Effekt, den man mit empfindlichen Messinstrumenten tatsächlich nachweisen konnte.

Diese Quantenfluktuationen jedenfalls gibt es wirklich überall: Sie erfüllen die endlosen Weiten des Weltalls, tummeln sich aber auch innerhalb von Atomen. Im Grunde ist das Vakuum also nie ganz leer. Das absolute Nichts gibt es – physikalisch betrachtet – nirgendwo, jedenfalls nicht in unserem Kosmos. Nur außerhalb des Universums, da könnte das pure Nichts tatsächlich existieren. Da nämlich gibt es nicht einmal mehr Raum und Zeit. Wodurch natürlich eine Formulierung wie „außerhalb des Universums“ im Grunde völlig sinnlos ist – und wir auf der Suche nach dem perfekten Nichts genauso schlau sind wir zuvor. (fg)

Warum soll man Rohkost mit Öl vermengt essen?

Damit er richtig funktioniert, muss unser Körper mit der Nahrung diverse Vitamine zugeführt bekommen. Die meisten von ihnen sind wasserlöslich, darunter das bekannte Vitamin C. Vier Vitamine allerdings lösen sich nur in Fett. Welche das sind und in welchen Lebensmitteln sie vorkommen, erläutert Ulrike Gonder. Sie ist Ernährungswissenschaftlerin und Buchautorin: „Beim Obst und Gemüse ist vor allen Dingen das Beta-Carotin interessant, das ist eine Vorstufe von Vitamin A. Das fertige Vitamin A kommt nur in tierischen Lebensmitteln vor, aber Beta-Carotin kommt zum Beispiel in Aprikosen, Möhren, Spinat und in dunkelgrünem Gemüse vor, und es kann vom Körper umgebaut werden zum Vitamin A. Vitamin E befindet sich in großer Menge in pflanzlichen Ölen, das Vitamin D eigentlich nur in ein paar Pilzen. Und Vitamin K auch in verschiedenen grünen Gemüsearten."

Fettlösliche Vitamine, so Ulrike Gonder, erfüllen ganz unterschiedliche Aufgaben im Körper. Vitamin A wird zum Sehen und für gesunde Schleimhäute benötigt. Vitamin E ist ein Oxidationsschutz und schützt die Zellmembranen vor mancherlei aggressiven Substanzen. Vitamin K wird für den Knochenaufbau benötigt, Vitamin D für die Zellteilung und für ein funktionierendes Immunsystem: „Diese fettlöslichen Vitamine können mit etwas Fett am besten transportiert werden. Das heißt, der Körper kann sie am besten aufnehmen, wenn die Nahrung etwas Fett enthält. Nun wissen wir, dass Obst und Gemüse von Natur aus relativ fettarm ist. Deswegen wird empfohlen, immer eine kleine Fettmenge mitzuverarbeiten. Das typische Beispiel ist der Möhrensalat, der mit einem Esslöffel Öl angemacht wird. Oder wenn ich Gemüse dünste, dass ich noch einen Stich Butter dazugebe."

Beim Obstsalat darf es dann ein Schuss Sahne sein. Fett ans Gemüse und ans Obst zu geben, bringt aber noch weitere Vorteile. Denn das Fett selbst enthält oft ebenfalls noch Vitamine, und es verbessert überdies den Geschmack – denn auch viele Aromastoffe sind nicht wasserlöslich, sondern fettlöslich und kommen in Nase oder Gaumen erst in gelöster Form so richtig zur Geltung. (fe)

Was hilft gegen die lästigen Fruchtfliegen?

Man nennt sie Fruchtfliegen, Taufliegen oder Essigfliegen und ihr wissenschaftlicher Name lautet klangvoll: Drosophila melanogaster. Jedem Genetiker sind diese kaum drei Millimeter großen Insekten wohlbekannt, denn sie gelten seit Jahrzehnten als die „Haustiere“ der Genetiker. Viele Erkenntnisse über das Zusammenspiel von Erbanlagen und äußerem Erscheinungsbild von Tieren wurden durch Untersuchungen an Drosophila gewonnen.

Aber im Haushalt sind sie lästig. Was also tun gegen die Plagegeister, wenn sie zu Dutzenden über Bananen und anderes Obst herfallen? Manch einer behilft sich mit dem Staubsauger und fischt sie aus der Luft, wenn sie sich allzu stark vermehrt haben – mit etwas Geschick gelingt das ohne allzu viel zerdeppertes Porzellan.

Ökologischer und nachhaltiger zugleich ist hingegen folgende Methode: Man fülle ein Schnapsglas zur Hälfte mit klarem Essig, füge einen Schuss Apfelsaft hinzu und (ganz wichtig!) zwei, drei Tropfen Geschirrspülmittel. Diese Mischung stelle man ans Fenster oder in die Nähe des Obstkorbs. Der Erfolg ist einem gewiss: Die Mischung aus Essig und Saft lockt die Essigfliegen (!) wie ein Magnet an; sie wollen von der Flüssigkeit trinken, fallen in sie hinein und gehen unter, denn das Geschirrspülmittel beseitigt die Oberflächenspannung der Flüssigkeit. Den Ertrag dieser Insektenfalle kann man jederzeit von außen kontrollieren – sofern man wirklich klaren Essig hineingefüllt hat und keinen braunen. (khw)

Woher stammt „die lange Bank“?

Ob einen unangenehmen Anruf oder die längst fällige Steuererklärung: Es gibt immer wieder Dinge, die wir verschleppen oder hinauszögern. Vor über 400 Jahren war das offenbar genauso, denn damals tauchte die Redensart „etwas auf die lange Bank schieben“ erstmals in einem Text auf. Dr. Winfried Breidbach von der Gesellschaft für deutsche Sprache: „Diese Redensart stammt aus dem Bereich der Gerichtssprache. Bei Gericht war es vor Einführung von Aktenschränken üblich, dass die Gerichtsakten in langen, bankähnlichen Truhen aufbewahrt wurden. Man konnte dann davon ausgehen, dass diese Akten so schnell nicht mehr bearbeitet wurden, wenn sie erst einmal in eine dieser Truhen gelangt waren.“ Denn diejenigen Akten, mit denen sich ein Richter in absehbarer Zeit befassen wollte, gelangten direkt auf seinen Arbeitstisch, und das, was er bei seiner Arbeit unmittelbar vor sich auf dem Tisch hatte, wurde schneller bearbeitet als das, was in die Bank geraten war.

In Wetzlar wird man übrigens bei einer Stadtführung eine lokalpatriotische Erklärung hören: Auf der langen Bank des ehemaligen Reichskammergerichts zu Wetzlar seien die Akten zwar streng nach Eingang Richtung Richterzimmer gewandert. Wenn aber einer der Prozessbeteiligten die Urteilsfindung herausschieben wollte, dann habe er dafür gesorgt, dass die Akten wieder ganz hinten auf der Bank abgelegt und im wörtlichen Sinne erneut „auf die lange Bank“ geschoben wurden. Wetzlar und das Reichskammergericht sei daher die eigentliche Wiege der Redensart.

Das ist die eine Erklärung. Laut Winfried Breidbach wird aber noch ein anderer Ursprung der Redewendung diskutiert: dass es nicht um die Aufbewahrung der Akten in den Truhen ging, „sondern dass mit der langen Bank die Bank gemeint war, auf der die Schöffen bei Gericht saßen, die neben sich die Akten, die sie zu bearbeiten hatten, aufbewahrten. Und die Akten, mit denen sie sich zunächst nicht befassen wollten, schoben sie auf der Bank weiter von sich weg, so dass auch auf diesem Wege Gerichtsakten ans Ende einer langen Bank gelangen konnten.“

Anders als die Schöffen von damals haben wir heute Zeitmanagement-Berater. Und die raten uns dringend, Unangenehmes nicht auf die lange Bank zu schieben. Denn das, so die Experten, mache alles nur schlimmer. (fe)

Wie kam der Zuckerhut zu seiner Form?

Zucker ist nicht von Natur aus weiß: Der Rohrzucker kam früher von den Karibikinseln als braune oder gelbe Masse nach Europa. Hier musste der Rohrzucker zunächst gereinigt und geklärt werden: Das war die Arbeit der so genannten Zuckerbäcker. Sie verwendeten Tongefäße, die unten spitz zuliefen und die in der Fachsprache „Hüte“ genannt wurden. Das Tongefäß wurde mit der Spitze nach unten auf einen Krug gestellt, so dass die braune Melasse aus dem Zucker abfließen konnte, erklärt Bernhard Nickl, der Direktor des Berliner Zuckermuseums: „Es gab ja damals nur die so genannte Hutreinigungsmethode. Die Füllmasse wurde in Hutformen gegeben und der Sirup, die Melasse lief ab. Das wurde dann feucht gehalten, Spitze nach unten. Und wenn der Sirup ganz raus war, hat man den Zuckerhut herausgeholt. Manchmal musste man auch die Tonform zerschlagen.“

Nach unseren Begriffen war der Zucker aus dem Zuckerhut noch nicht richtig weiß. Aber da gab es einen Trick: „Man hat den Hut in blaues Papier eingepackt, weil der Zucker immer noch ein bisschen gelblich war. Das konnte man gar nicht verhindern. Und dadurch, dass man die Komplementärfarbe blau nahm, erschien der Hut dann richtig schön weiß. Er wurde noch ein bisschen beschliffen, in Handarbeit, und dann stand er in den Regalen der Kolonialwarengeschäfte oder auch in Apotheken.“

Die heutigen Zuckerhüte werden allerdings nicht mehr nach der traditionellen Methode hergestellt. Es handelt sich um ganz normalen Streuzucker, der zusammengeklebt wird, und der überdies in der Regel aus Zuckerrüben gewonnen wird. So erinnert nur noch die Form und das blaue Einschlagpapier an eine alte Methode, weißen Zucker herzustellen. (utz)

Wo brennt es: auf dem Nagel oder unter ihm? Ein Nachwort

Bereits der Untertitel zum ersten Band „Haben Fische Durst?“ lautete: 111 Antworten auf Fragen, die Ihnen schon immer auf den Nägeln brannten. Der Fingernagel aber ist totes Gewebe, und daher kann es eigentlich nur *unter* ihm brennen, also weh tun: Welche Form der Redewendung ist also die richtige? Die mir am sympathischsten erscheinende Herleitung geht auf kleine Kerzen zurück, die sich Mönche auf ihre Finger klebten, damit sie zum Beispiel bei der Frühmesse im Dunkeln in den Gebetsbüchern lesen konnten. Wenn sie dann ins Gebet vertieft waren, brannten die Kerzen oft allzu tief herunter, und dann brannten sie im ganz wörtlichen Sinn auf den Nägeln.

Man könnte noch so vieles zu unserem ersten Band „Haben Fische Durst?“ nachtragen, zum Beispiel zur Frage: „Warum ist der Mensch 37 Grad warm?“. Nach einer wirklich langen Recherche hatte unsere Autorin die Meinungen der Experten dahingehend zusammengefasst, dass unsere „Normaltemperatur“ eine Anpassung ans Klima unserer Ur-Heimat Afrika sei. Per E-Mail erreichten mich dann aber diese klugen Überlegungen von Thomas Schmitt: „Die Begründung mit der Herkunft aus den Tropen greift nicht ganz. Denn alle Säugetiere haben eine Kerntemperatur, die in etwa in diesem Bereich liegt; das gilt auch für Säugetierarten, die sich in kalten Klimaten entwickelt haben. Nach Ihrer Theorie sollten diese Arten eigentlich eine sehr viel niedriger liegende Körpertemperatur haben. Meine Hypothese: Stoffwechselprozesse sind chemische Prozesse und laufen umso schneller (besser) ab, je höher die Temperatur ist. Also wäre eine möglichst hohe Körpertemperatur immer wünschenswert. Nach oben ist jedoch eine natürliche Grenze gesetzt, da unser Leben auf Eiweiß basiert und Eiweiße bei Temperaturen über 40 Grad nach und nach zerstört werden. Dass der Spielraum nach oben nicht vollständig ausgenutzt wird, ist eine Sicherheitsreserve, denn sonst würde jede Unregelmäßigkeit (Fieber) gleich zum Tod führen. Die Evolution hat also die Körpertemperatur auf einem Niveau eingepegelt, wo einerseits tödliche Ausfälle durch Überhitzung

nicht allzu häufig vorkommen, andererseits aber der Wirkungsgrad chemischer Prozesse im erlaubten (weil ungefährlichen) Bereich möglichst gut ausgenutzt wird." Chapeau! Allerdings haben Vögel eine Körpertemperatur von ca. 40 bis 45 Grad – es gibt also durchaus viele Eiweißkörper, die deutlich weniger hitzeempfindlich sind als die bei uns Säugetieren; und gewiss spielt beim Entstehen der Körpertemperatur auch das Verhältnis von Energie-Aufnahme (sprich: Essen) und Energie-Verlust (sprich: Wärmeabstrahlung) eine Rolle: Es gibt also auch auf diesem Gebiet noch viel zu erforschen...

Dieses Büchlein ist, wie schon der erste Band „Haben Fische Durst?", eine Auswahl aus mehr als 400 Fragen, die wir in den vergangenen 30 Monaten unter der Kennung „hr1-Entdeckungsreise" im hr-Hörfunk beantwortet haben. Wir, das ist ein Team erfahrener Hörfunk-JournalistInnen des Hessischen Rundfunks, bestehend aus Utz Thimm (utz), Frank Grotelüschen (fg), Bernd Seidel (bse), Frank Eckhardt (fe), Riccardo Mastrocola (ric), Gudrun Rothaug (gr), Eva Maria Siefert (sie), Lars Hofmann (hof), Stephan Hütig (hüt), Carsten Beck-Büngen (cbb), Eva Deppe (ed) und Karl-Heinz Wellmann (khw), deren Engagement auch dieses Buch erst möglich gemacht hat.

In besonderem Maße gilt mein Dank aber den zahlreichen Wissenschaftlerinnen und Wissenschaftlern, die uns bei unseren Recherchen uneigennützig unterstützt haben. Schließlich danke ich Miriam Wellmann, die mich tatkräftig beim Korrekturlesen der Druckfahnen unterstützt hat. Und falls Sie beim Lesen auf Ungereimtheiten bei den Erklärungen stoßen sollten, unsere E-Mail-Adresse lautet: Wissenschaft@hr-online.de.

Frankfurt am Main, im Februar 2005 — Karl-Heinz Wellmann

PS: Der Vogel auf dem Titelbild ist ein Schwalm. Man könnte auch sagen: ein Schwalmvogel. Und um genau zu sein: ein in nächtliche Bläue getauchter Ziegenmelker.

Was finde ich wo ?